中央高校基本科研业务费创新团队项目“公共组织服务能力提升研究”成果
（批准号：SWU1709123）

西南大学政治与公共管理学院 学术文丛

服务型政府中人力资源绩效管理模式

王　斌／著

科学出版社
北京

内 容 简 介

公务人才队伍是服务型政府建设、运行的核心力量，本书运用现代人力资源管理的理论、方法和技术，提出了服务型政府人力资源管理系统的构建，从而通过人力资源绩效管理模式的创新，最终实现传统管制型政府向服务型政府的转变。本书通过对政府人力资源绩效管理模式的影响因素、模式发展现状与问题的分析，提出了服务型政府人力资源绩效管理模式系统的构成，从理论角度和改革路径对服务型政府人力资源绩效管理模式进行了研究，并从文化、基点持续和动力的角度提出了相应的对策。

本书适合于公共部门人力资源管理与行政管理领域相关教学科研人员及硕士研究生、博士生阅读，也适合于公共组织人力资源实践部门等相关人士阅读。

图书在版编目（CIP）数据

服务型政府中人力资源绩效管理模式 /王斌著. —北京：科学出版社，2018. 3

（西南大学政治与公共管理学院学术文丛）

ISBN 978-7-03-056959-2

Ⅰ. ①服… Ⅱ. ①王… Ⅲ. ①国家行政机关-人力资源管理-研究-中国 Ⅳ. ①D630.1

中国版本图书馆 CIP 数据核字（2018）第 050139 号

责任编辑：刘英红 / 责任校对：赵桂芬

责任印制：吴兆东 / 封面设计：黄华斌

科学出版社 出版

北京东黄城根北街 16 号

邮政编码：100717

http：//www.sciencep.com

北京京华虎彩印刷有限公司印刷

科学出版社发行 各地新华书店经销

*

2018 年 3 月第 一 版 开本：720×1000 B5

2018 年 3 月第一次印刷 印张：9 3/4

字数：200 000

定价：58.00 元

前　言

2012年，中国共产党第十八次全国代表大会在明确深化行政体制改革的任务中指出，要建设职能科学、结构优化、廉洁高效、人民满意的服务型政府；健全部门职责体系；创新行政管理方式，提高政府公信力和执行力；严格控制机构编制，减少领导职数，降低行政成本。中国共产党第十八届中央委员会第三次全体会议颁布的《中共中央关于全面深化改革若干重大问题的决定》进一步指出，建设服务型政府要优化政府机构设置、职能配置、工作流程，并提出严格绩效管理等重要改革任务。中国共产党第十九次全国代表大会报告为建设人民满意的服务型政府指明了具体的行动路线。

本书在对服务型政府的内涵、服务型政府中人力资源绩效管理模式等概念进行界定的基础上，探讨服务型政府人力资源绩效管理模式运行的影响因素；从历史发展的角度，梳理我国政府人力资源管理的历史演进，分析当前模式的现状与问题，以及判断服务型政府人力资源绩效管理改革的趋势。服务型政府中人力资源绩效管理模式的系统构建是本书的重点。通过理论模型的构建，本书研究服务型政府中人力资源绩效管理模式的目标系统、比较系统、测量系统和反馈系统的整体结构，探索服务型政府中人力资源绩效评价指标体系、服务型政府中人力资源绩效评价技术体系、服务型政府中人力资源绩效协同管理机制和协同决策模式。同时，对于系统改革与运行的具体路径，本书从系统论的角度提出改革的基础建设的路径、规范标准的路径、动态调控的路径和整合系统的路径，以及创新文化、持续变革、强化动力三项措施。

本书冀望突破传统政府人力资源绩效管理聚焦于政绩考评的局限性，以培育服务型政府自身持续发展能力和人力资源整体的核心能力为基点，完善服务型政府人力资源绩效管理模式。这一模式是基于由内向外的“内生式”变革道路，强调以定位政府职能和业务流程为出发点，通过内在行政效益等“内功”提升，实现外在行政行为和绩效的高效性。这对矫正以往单独以外在行政政绩评判人力资源绩效“外生式”发展道路，具有重要的决策参考价值。

本书由王斌教授设计篇章结构，并独立撰写全书主体内容；在完成初稿后，牟怡、宋蔚、黄英歌、邓壮四位同志对各章进行了资料补充、文字修改与版式调整等细致的工作；全书最终由王斌教授修改定稿。具体的分工如下。第一章：王斌、牟怡；第二章：王斌、牟怡；第三章：王斌、邓壮；第四章：王斌、宋蔚；第五章：王斌、黄英歌。

本书能够顺利成稿出版，要感谢科学出版社各位编辑老师的辛勤工作。同时，本书的写作得到了西南大学政治与公共管理学院、西南大学公共事务与基层治理研究中心等单位和领导的关心与支持。此外，本书参阅和吸收了相关专家、学者的成果，在此一并致谢。囿于自身水平，不足和疏漏之处在所难免，恳请学界同仁不吝赐教。

王　斌

2018 年 1 月 6 日

目 录

第一章 服务型政府人力资源绩效管理模式概念及影响因素……1

第一节 服务型政府的内涵……1

第二节 政府人力资源绩效管理的界定……8

第三节 人力资源绩效管理模式运行的影响因素……24

第二章 服务型政府人力资源绩效管理模式历史与现实……27

第一节 人力资源绩效管理的历史演进……27

第二节 人力资源绩效管理模式现状及问题……32

第三节 人力资源绩效管理改革的趋势判断……43

第三章 服务型政府中人力资源绩效管理模式系统构建……49

第一节 人力资源绩效管理模式系统的结构……49

第二节 人力资源绩效评价指标体系及其构成……57

第三节 服务型政府中人力资源绩效评价技术体系……66

第四节 服务型政府中人力资源绩效协同管理机制……81

第五节 服务型政府人力资源绩效协同决策模式构建……87

第四章　服务型政府人力资源绩效管理的改革路径……90

第一节　人力资源管理业务流程优化：基础建设的路径……90
第二节　职位分类再造：规范标准的路径……97
第三节　人力资源价值链管理：动态调控的路径……107
第四节　绩效提升机制：整合系统的路径……116

第五章　服务型政府人力资源绩效管理模式改革措施……128

第一节　创新文化……128
第二节　固化基点……134
第三节　持续变革……139
第四节　强化动力……144

参考文献……148

第一章 服务型政府人力资源绩效管理模式概念及影响因素

服务型政府的提出和建设在我国只有十多年的时间，但学术界对于服务型政府的研究与论述已有大量成熟和权威的成果。特别是在当前深化政府职能转变的关键期，服务型政府的建设也取得了实际的效果。从理论上来说，政府职能转变的直接对象是业务流程和职位管理，但是业务的实践和职位的有效运行都是以对人力资源绩效管理的有效性为基础的。因此，厘清服务型政府人力资源绩效管理模式基本概念及影响因素具有重要意义。

第一节　服务型政府的内涵

2004年时任总理温家宝在中共中央党校的讲话中，正式提出了服务型政府建设的问题。中国共产党第十七次全国代表大会报告中明确提出了“加快行政体制改革，建设服务型政府”的改革目标。中国共产党第十八次全国代表大会明确提出了建设服务型政府的具体目标是实现职能科学、结构优化、廉洁高效、人民满意四项指标。在2013年中国共产党第十八届中央委员会第三次全体会议中，针对建设服务型政府的核心问题，提出了建设服务型政府的重点改革任务就是转变政府职能。中国共产党第十九次全国代表大会报告指出，要“统筹考虑各类机构设置，科学配置党政部门及内设机构权力、明确职责”，与此同时“统筹使用各类编制资源，形成科学合理的管理体制，完善国家机构组织法”。此外，还需要“赋予省级及以下政府更多自主权，在省市县对职能相近的党政机关探索合并设立或合署办公。”这不仅反映了政府机构和行政体制改革未来发展的三大方向，还为指导服务型政府建设提供了具体的行动路线图。根据这一发展线索，我们可以看出，对于什么是服务型政府，其理论界定一定是以实践为基础的不断探索和完善的发展过程。

一、服务型政府的概念

中国知识分子在吸收西方行政法学和行政学相关研究成果的基础上率先提出了服务型政府的概念。目前，服务型政府已经成为我国学术界的一大研究热点，不仅受到了行政学、法学领域学者的青睐，也吸引了经济学、马克思主义理论、政治学学者的极大关注。但针对服务型政府概念本身，中国学术界仍存在不少争论，大致呈现出“一个概念，各自表述”的局面。概括来看，学界主要从以下几个视角出发对服务型政府进行了界定。

（一）以服务型政府价值内核为视角

张康之（2006）认为，服务型政府就是为人民服务的政府，从政治学的视角来看，是为社会服务；从行政学的视角来看，就是为公众服务。服务是政府自身具备的一种基本理念和价值追求，在政府与公众的关系中，政府处于服务者的地位。因此，服务型政府应将为社会、公众服务作为政府存在、运行和发展的基本宗旨。吴敬琏（2003）认为，服务型政府首先要纠正全能大政府体制中的政府和人民之间的主仆关系，建设一个公开、透明、可问责的政府。这一观点从服务型政府的价值内核和理念出发，强调了服务型政府与传统统治型、管制型政府的本质区别在于前者以以民为本的服务理念为指导进行公共管理，并提供公共服务。

（二）以服务型政府模式为视角

陈红太（2007）在总结和概括地方政府建设服务型政府的成功实践基础上，凝练出了服务型政府的四种模式：发展型模式，主张政府服务为经济发展保驾护航；保障型模式，强调公共服务对于社会稳定的重要性；参与型模式，认为政府管理和服务中应有更多的社会参与；竞争型模式，主张在公共服务领域引入市场机制。刘俊生（2004）认为，服务型政府是建立在一系列系统的、具有相关性的先进服务理念基础上的崭新的政府模式，如泛公民本位、个性化公共服务、公共权力共享等。傅耕石（2007）基于服务型政府的静态特征和行政模式，将服务型政府界定为“在社会主义民主与法治体系下所建立的一种以公民为本位，以服务为理念，以公共利益为目标，以满足广大社会成员日益增长的公共需求和公共利益诉求为己任，以服务公众和社会为核心职能，以捍卫公民尊严为宗旨，具有公共信用并受到公民支持的公开透明、民主开放、廉洁高效、依法行政、公平公正和诚实守信并承担公共责任的现代政府模式”。

（三）以服务型政府职能为视角

吴玉宗（2004）从服务型政府职能的系统性出发，对服务型政府进行了界定，他认为，“所谓服务型政府就是指遵从民意的要求，在法治的框架下，用公开政府工作目的、工作内容、工作程序和工作方法的方式给公民、社会组织和社会提供公正、优质、廉价、高效、方便的公共产品和服务，达到为民兴利、促进社会稳定发展之目标的政府”。侯玉兰（2003）认为，服务型政府的主要职责是提供私人和社会不愿提供或者是无力提供的但与公共利益密切相关的公共产品，在这一过程中，政府角色从原来的控制者转变为服务者，从以前的管制者转变为兴利者，公共政策目标由满足机关和专家的决定转变为合乎法律规范的民众期待；公共管理要务由控制为主转变为以服务为主；公共管理客体由经济领域向公共服务领域转移。尹戈等（2003）认为，要将地方政府成功的、创新性的实践移植到管理实践操作中，如“政务超市”“阳光大厅”“一站式服务”“一条龙服务”和“行政审批中心”等探索，从扩大服务项目、集中服务提供、优化工作流程和改善服务态度等方面建设服务型政府。此类观点将服务型政府的职能定位于提供公共产品和服务，体现了政府职能转变、简政放权的实质。

（四）以服务型政府系统为视角

随着服务型政府理论和实践的不断深入，部分学者对于服务型政府的研究逐步从单一的视角转向了系统的视角，更加丰富了服务型政府的内涵和理论。范逢春（2004）认为，服务型政府应该实现理念、制度、操作三个层面的统一和协调。朱光磊和孙涛（2005）从政治学的视角提出了“规制-服务型政府”的概念，他认为，以公共服务为导向，以规制治理为手段的规范、统一、效能、服务、透明的政府能有效提升政府能力和行政效能，更好地实现公共利益最大化。吴江（2004）从理念、制度和行为三个层面对服务型政府进行了界定。褚添有（2007）从建立宗旨、价值理念、运行基础、服务形式和衡量标准等方面对服务型政府的概念做出了界定。

由此观之，中国学者基于不同的视角对服务型政府进行了多维度、多样化界定，进一步丰富了中国特色社会主义服务型政府的概念内涵，为我国建设完善的服务型政府体系和实践提供了本土化的理论基础及指导。服务型政府是相对于传统的管制型政府所提出的一种全面变革，这种变革体现在管理理念、管理哲学和管理体制等诸多方面。建设服务型政府并不是说传统的管制型政府一无是处，当一个国家处在不同的历史时期时，国家应该根据不同的社会发展需要，对政府的职责和作用进行动态调整与改革。按照政治学理论，政府承担了统治职能、社会管理职能和社会服务职能。当前建设服务型政府的历史要求正体现了当前中国社会发展的历史进程。

结合以上观点，本书认为：服务型政府是以中国特色社会主义法律体系为指导，以以人为本的价值理念为遵循，以公众需求为导向，以社会民主秩序为框架的公开、透明、廉洁、高效、诚信的具有回应性的责任政府。

二、服务型政府的内涵

服务型政府建设实践率先在地方政府中展开。例如，成都市政府早在2000年就实施了行政审批制度改革、投融资体制改革和机构改革，并在实践总结的基础上提出了“规范性服务型政府”的构想。2003年，又出台了《中共成都市委成都市人民政府关于全面推进规范化服务型政府建设工作的意见》和八个配套性文件，将服务型政府建设由试点推广到省、市、县各级单位。2003年，南京市政府在政府工作报告中明确提出，“切实加快服务型政府建设，主动适应加入WTO新形势”，并将服务型政府建设作为四大重点工作之首。2002年，重庆市也提出了服务型政府建设构想，并于2003年正式出台了《重庆市人民政府关于建设服务型政府的工作意见》和《重庆市2003年建设服务型政府工作要点》。除此之外，广州、上海、大连等全国大多数城市都开展了适合地方特色的服务型政府实践。地方政府的服务型政府建设热潮引发了中央的关注。2004年，时任总理的温家宝在发表的题为《提高认识，统一思想，牢固树立和认真落实科学发展观》的讲话中首次提出要“建设服务型政府”，随后又在全国人民代表大会第二次会议上明确提出，“管理就是服务，我们要把政府办成一个服务型的政府，为市场主体服务，为社会服务，最终是为人民服务”。2005年第十届全国人民代表大会第三次会议明确将“努力建设服务型政府”写入政府工作报告，“服务型政府建设”上升到国家政策层面。同年10月，《中共中央关于构建社会主义和谐社会若干重大问题的决定》中写道，“建设服务型政府，强化社会管理和公共服务职能”，将服务型政府建设上升为执政党的执政政策。自此，服务型政府建设开始在全国范围投入实践，服务型政府建设的概念也成为政府和学界所提及的高频热词。

随着实践的发展，国内外环境都发生了深刻的变化，尤其是在我国进入中国特色社会主义新时代后，国内社会的主要矛盾已变化为人民对美好生活的需要与发展不平衡、不充分的矛盾。环境的巨大转变对服务型政府建设提出了一系列新挑战和新要求。因此，厘清新时代服务型政府的新内涵具有极大的实践意义和理论意义。

（一）以社会和公民为中心

登哈特 J V 和登哈特 R B（2004）指出，在治理体系中要将公民置于中心地位，公共服务型政府不能是凌驾于社会之上的封闭的官僚机构，而必须以公民的需求为中心，为公民提供高质量、高效率的服务，即公民的期望决定政府政策的设计蓝图，公民的需求决定政府公共产品和服务的供给内涵，公民的满意度决定政府政策执行的成效，公民的评价决定政府政策的变迁方向。服务型政府在国家治理体系、社会治理体系中要将社会和公民置于中心位置。服务型政府是整个社会和人民群众的政府，因此其治理权力的使用必须适应社会发展需要和人民的要求。但是服务型政府及其成员，有义务和责任帮助社会及人民群众明确其公共利益的要求，并帮助其实现。公共服务型政府理论认为，公共服务型政府是指在公民本位、社会本位理念指导下，提供公平、优质、高效的公共服务的政府形态。其行政模式主要表现为以下三个方面。第一，以公众或市场为服务导向。不同于传统的以行政计划替代公众需求、精英设计替代公众参与的政府形态，公共服务型政府实现了从官本位、政府本位向社会本位、公民本位转变，以公民、社会、市场作为提供公共服务的导向。第二，公共服务职能的市场化。在公共服务职能领域引入市场化竞争机制是现代政府提升服务效能的重要手段之一，能够较为高效、优质地提供公共产品和公共服务。第三，公共服务职能的社会化。政府通过对社会力量的组织、管理和利用，逐渐将原本由政府承担的公共管理和服务职能转交给一些私营部门，社会自治、半自治组织等非政府组织，以社会化竞争的方式来提升服务供给的质量和效率。因此，以公民和社会为中心是服务型政府建设的本质要求。

（二）职能有限

政府的唯一出发点就是公共利益，即执政为民，代表最广大人民群众的根本利益。在传统全能型和管制型政府形态下，政府管得过宽、过细，行政审批过多，将微观经济主体——企业纳入管辖范围之内，对社会事务也过多干预，造成了政企不分、政社不分。另外，政府在社会经济生活中，既当运动员，又当裁判员，还当教练员，既造成社会活力不足，又造成政府财政不堪重负。在有限职能政府里，政府主要提供满足公共需要、适合国情的产品和服务，政府主要履行“公共物品的提供、宏观经济的调控、外部效应的消除、市场秩序与产权的维护、收入及财产的再分配”这五项职能。在社会主义市场经济体制中，市场在资源配置中起决定性作用，因此，真正明确服务型政府与市场的边界，就要明确地将服务型政府职能限定在宏观调控、发展战略、规划、政策和标准的制定及实施与监管中，限定在营造有利的环境、提供公平的法律、保障稳定的社会秩序等方面。总之，服务型政府是职能有限并且遵循市场优先原则的政府。

（三）行政效率和效益双高

服务型政府的行政效率及其所产生的社会效益要能够实现双高。行政效率是指行政机关和行政人员从事行政管理活动所得到的劳动效果、社会效益同所消耗的人力、物力、财力时间的比例关系，是对国家行政机关和行政人员从事行政工作的质量和评价。行政效率体现在社会效益上，行政效益是指在一定的行政活动中产生的符合社会需要的社会效果与在此活动过程中产生的花费的比例。行政效益包括经济效益和社会效益两个方面。政府作为一个政治组织，属于上层建筑，能够对社会经济系统产生巨大的影响和作用。行政效率提升的最终目标是要通过高效的行政，实现服务型政府的存在意义，即高效的社会效益。因此，服务型政府治理能力的建设就是实现高效政府的基础。

（四）法治政府

法治政府，即在权力行使、责任履行的过程中坚持法治原则，保证政府的各项工作都在法律轨道上进行，从决策、执行到监督，都纳入法制框架内。依法治国作为我国的一项基本方略，强调要科学立法、严格执法、公正司法、全民守法，其中执法是关键。各级人民政府作为法律法规的实施者，与人民群众接触最为密切，其决策和执法的科学性及有效性不仅事关人民福祉，还直接决定了依法治国这一基本方略是否能被落实。中国共产党第十九次全国代表大会报告指出，要“深化依法治国实践，建设法治政府，推进依法行政，严格规范公正文明执法”。服务型政府必须依靠法律来使自身有效和可持续运行。法治政府的建设使社会和人民群众能够清晰地了解政府的各种行政行为、公共政策等职能履行的过程，从而使服务型政府的行政管理持续稳定，并且高效规范。

（五）责任政府

服务型政府必须对社会和人民群众负责。因此，服务型政府必须是责任政府，责任政府是指政府及其公务人员[①]在行使社会管理职能的过程中，积极主动地就自己的行为向人民负责。其具体要求有：能够积极地对社会民众的需求做出回应，并采取积极的措施，公正、有效率地实现民众利益；政府及其公务员[②]违法或者不当行使职权，应当依法承担法律责任，实现权力和责任的统一，做到“执法有保障、有权必有责、违法受追究、侵权须赔偿”。责任政府是与“主权在民”、社会契约论等民主思想相联系的，这些思想认为，人民可以将管理国家的权力委托让渡给政府，在人民和政府之间形成了委托代理关系，人民赋予政府管理国家的权力，政府要履行代理人义务，即对人民负责。

就责任政府的内容而言，责任政府包括行政问责制、首问责任制、限时办结制、服务承诺制四项主要内容。行政问责制是指，特定的问责主体针对行政机关及工作人员[③]等问责客体在行政管理过程中由于没有或未能正确履行法定的职责，影响了行政运行的效率和行政机关的形象，甚至部分损害了行政管理相对人的合法权益，对其追究责任的一种制度。首问责任制是指，针对群众对机关内设机构职责分工和办事程序不了解、不熟悉的实际问题，而采取的一项便民工作制度。该制度规定，在群众来访时，机关在岗被询问的工作人员即首问责任人，对于群众提出的问题或要求，无论是否为自己职责（权）范围内的事，都要给群众一个满意的答复。限时办结制是指，行政机关和具有行政职能的事业单位按照遵循准时、规范、高效、负责的原则处理行政事项的制度，限时办结责任人为承办具体事务的相关接办人员。服务承诺制是指，为改进工作作风，提高工作效能，在遵守法律、法规和有关规定的基础上，向管理和服务对象做出服务质量及服务时限的承诺，并通过媒体向社会公开，并接受公众监督的制度。责任政府最大的特点便是“问责制”，因此，一套完善的、基于过程的，并以顾客为导向的责任机制，是服务型政府作为责任政府必须具有的制度内容。

政府作为公共权力的执行者和责任的承担者，其所作所为关系到社会生活的方方面面和人民大众的切身利益，因此要维护社会的长治久安和人民的安居乐业，建设有中国特色的责任政府，就显得尤为重要。只有真正承担起责任的服务型政府，才能实现高行政效率。具有责任能力的政府在行使社会管理职能的过程中，积极主动地就自己的行为向人民负责。责任

---

① 公务人员是指在政府部门、事业单位、人民团体等各类公共事务机构和组织内的工作人员，主要从事机构内外事务的管理与服务工作。

② 公务员是指依法履行公职、纳入国家行政编制、由国家财政负担工资福利的工作人员。

③ 工作人员是指在某个单位从事某项工作的人员，涵盖的范围比政府工作人员更加广泛，包括政府部门、事业单位、企业、人民团体等。

政府是中国现代化过程的必然选择。

第二节　政府人力资源绩效管理的界定

一、政府人力资源绩效管理的内涵与辨析

（一）政府人力资源绩效管理相关概念探析

1. 人力资源绩效管理

人力资源绩效管理是整个现代工商管理系统中的一个重要组成部分，也是管理学中重要的领域。就词的构成来说，“人力资源绩效管理”是一个合成词，因此，要准确地理解“人力资源绩效管理”这一术语的概念，就必须梳理与之相关联的术语的概念。

人力资源在《现代汉语词典》中被解释为：人力资源主要是对人的劳动力及其价值的一种经济观点。在古典管理学家的眼中，人是一个工具，是机械的运动，而不是一种资源。最终把人作为一种资源提出的是管理学大师彼得·德鲁克（Peter F. Drucker），他是现在可研究范围内最早提出“人力资源”概念的人。1954年，德鲁克在其 *The Practice of Management* 一书中首先提出了“人力资源”的概念，他在讨论管理员工及其工作时，引入了“人力资源”这一概念，他指出，“和其他所有资源相比较而言，唯一的区别就是它是人”，因此，把人力资源看作一种企业其他资产所不具有的“特殊能力”的资源。

所谓人力资源，是指能够推动社会经济和社会发展的具有劳动能为的人口总和。人力资源也有广义、狭义之分。狭义的人力资源是指，在一定时空条件下，一定社会经济单位或者一定社会组织可开发利用的、未经其劳动加工改造过的、现存的各种形态的劳动力数量与质量的总和。广义的人力资源是指人类进行生产和提供服务的潜在活力、技能及知识的总和。对于人力资源的理解，要从两个方面着眼。一方面，人力资源概念强调质量和数量的统一。数量是现实人力资源和潜在人力资源各个个体的总和，指拥有劳动能力的人口数量；质量指能够体现体力和脑力状况的生理素质与科学文化素质及这两者的综合，具体包含思想素质、文化素质、智力素质、技术素质和生理、心理素质等方面。人力资源的数量和质量是辩证统一的，既要有数量，又要有质量，数量是基础，质量是关键。应当指出的是，人力资源的质量远胜于数量，所以，当人力资源形成规模效益的时候，就要把着力点转移到人力资源的质量上。另一方面，人力资源有内涵和外延之分。从内涵上来说，人力资源是指那些体能、技能和智能健全，能够

以体力劳动和脑力劳动创造财富，从而推动经济社会发展的那一部分人口；从外延上来说，人力资源不仅包括一个国家和地区有劳动能力并在法定劳动年龄范围之内的人口总和，而且包括因各种原因没有实际工作的但仍然具有较高素质的劳动者。

其次是人力资源管理。德鲁克不仅提出了“人力资源”的概念，还预测到“传统的人事管理即将成为过去，一场新的以人力资源开发为主调的人事革命正在到来”。伴随着对人的重视程度的提高，行为科学学派的出现推动着传统人事管理理论和实践发展到了新阶段——人力资源管理阶段。关于人力资源管理的内涵，学术界存在着不同的认识。例如，由德鲁克提出，经罗纳德·舒勒发展的人力资源管理概念指出，人力资源管理是管理人员所具有的一种广泛意义上的普通管理职能，其目的是对工作场所的个人进行适当的管理。具体包括理解、维持、开发、利用和协调一致。这一定义建立在“人本主义”思想之上，因此舒勒指出，人力资源管理的目的是实现个人、社会和企业的利益。在中国，对于人力资源管理的理解也不尽相同，例如，有人认为，人力资源管理是对人力这一特殊资源进行有效开发、合理利用和科学管理；有人认为，人力资源管理应从两方面去理解，一是在量的管理上保持一定人员比例，二是在质的管理上对人的思想、心理和行为进行有效管理，从而达到组织目标；还有人认为，人力资源管理主要研究组织管理职能中的任用职能；等等。可以看出，人力资源管理有内在管理和外在管理之分：内在管理是指用现代化的科学方法，充分发挥人的主观能动性，从而带动其行为，最终实现组织工作目标；外在管理是指通过制度、章程等手段使人和物有机结合，保持在一个最佳比例，从而发挥出人力资源的最大效能。

总之，人力资源管理是组织针对组织成员的管理活动，与组织成员承担的职位职责和任务，在一定程度上的内外交互的心理活动的过程，具体表现为人力资源管理者在与成员对人力资源管理的目标达成共识后，由人力资源管理者采取专业的人力资源管理方法，帮助成员实现其工作目标、提升个人能力素质的生涯历程。不同于传统的人事管理集中于事务性工作的解决，人力资源管理涵盖了人力资源规划、人力资源开发、职业生涯管理、工作分析与设计等过程。人力资源管理的概念是伴随着人力资源管理的实践而发展的。一定的生产力水平，会产生相应的管理实践，进而催生相应的理论和观点，所以，人力资源管理的概念不是永恒不变的，必须加以动态的理解。

最后是绩效管理。绩效管理是指通过对工作业绩、效率方面的控制与调整，最终实现组织目标的一个管理过程。绩效管理是一个完整的系统，在这个系统中，管理人员和员工全部参与进来，并通过沟通协调的方式，将组织的规划目标、管理人员的职责、管理的方式和手段及员工的绩效目标等管理的基本内容确定下来。一般的绩效管理主要分为四个环节，即绩效计划、绩效沟通、绩效考核与绩效反馈。绩效计划是绩效管理的首要步骤，即明确考核指标和责任，以达到管理者与被管理者认同的效果。绩效沟通有利于建立管理者与被管理者良好的工作关系，以提前发现问题并解决问题。绩效考核是为了完成绩效成绩，利用设定好的绩效指标数据，按照科学可行的办法，对于各级管理者和被管理者完成指定任务的工作实绩与由此带来的诸多效果做出价值判断的过程。绩效管理最终会以绩效考核结果的形式表现出来。绩效反馈，就是将绩效考核的结果反馈给被评估对象，以此影响被考核者的行为。绩效反馈是绩效评估工作的最后一环，能否达到绩效评估的预期目的，取决于绩效反馈的实施程度的高低。

因此我们认为，人力资源绩效管理其实就是针对人力资源进行的人力资源管理，再配合上绩效管理的管理，是两种管理科学结合到一起形成的一种综合管理模式。人力资源绩效管理不单是绩效评价，更是由人力资源管理者将实现组织目标所需要的人力资源的支持目标分解到具体的人力资源管理的各个环节，并通过人力资源绩效管理的各个环节来协助人力资源管理者实现目标，改善人力资源管理的绩效水平，并真正实现对组织目标的支持。这在通常情况下是指，在绩效管理的影响下，采用科学合理的方式，保证人力、物力维持在最优配比状态，同时对人的主观思想和具体行为进行适度的引导，充分发挥人的主观能动性，激发其最大潜能，使组织制定的目标达到效能最大化。人力资源绩效管理本质上就是个人的绩效管理，对个人在工作中的表现进行量化管理和考核，通过考核结果评价出其日常中的表现，及时发现其工作中存在的问题和不足之处，督促员工在工作中及时调整状态，为晋升、奖励等提供依据和保障。但是人力资源绩效管理不是一项简单的追求个人绩效提升的任务管理，更重要的是人力资源管理者之间的相互合作，以及人力资源管理者对管理对象的沟通与辅导的过程；人力资源绩效管理强调管理目标和结果的实现，但更为核心是全体组织成员的工作能力和素质的提升。

2. 政府人力资源绩效管理

中国共产党第十八次全国代表大会报告提出了“推进政府绩效管理”的要求，中国共产党第十九次全国代表大会进一步指出了公务员绩效管理的具体路径，要“坚持严管和厚爱结合、激励和约束并重，完善干部考核评价机制，建立激励机制和容错纠错机制”。我国《宪法》也规定，“一切国家机关实行精简的原则，实行工作责任制，实行工作人员的培训和考核制度，不断提高工作质量和工作效率，反对官僚主义”。这是建立公共部门人力资源考核制度最直接、最根本的法律依据。《中华人民共和国公务员法》对考核的主体、内容、时限、程序、结果都做了明确的规定；《公务员考核规定（试行）》进一步规定了对非领导成员公务员的考核，坚持客观公正、注重实绩，实行领导与群众相结合、平时与定期相结合、定性与定量相结合的方法，按照规定的权限、条件、标准和程序进行。这些法律规章为公共部门人力资源绩效管理提供了依据，也促进了政府人力资源绩效考核工作。无论是在私人部门还是在公共部门，绩效管理在整个人力资源管理体系中一直居于核心地位。对政府人力资源进行系统、科学、有效的绩效管理不仅有利于提升公务员个体层面的行政效能和公共服务水平，对于推进国家治理体系和治理能力现代化也具有重要意义。目前，中国政府的人力资源绩效管理实践尚不成熟，真正构建起人力资源绩效管理体系的政府部门为数不多，学界对于政府人力资源绩效管理的研究也处在初步探索阶段，还有待进一步深入研究。关于政府人力资源绩效管理的内涵，国内外学者有过许多不同的表述。

政府人力资源绩效管理源起于公共部门绩效管理和政府绩效考核管理。

一方面，公共部门绩效是指公共部门在依法履行职能过程中投入所获得的初期和最终结果及其所产生的社会效果。公共部门绩效是公共部门在履行职能过程中所取得的，有数量和质量之分，也有初期和中期之分，即公共部门绩效是有周期的。公共部门绩效管理最早起源于西方发达国家，它是一种以实现公共部门管理的经济、效率、效益和公平目标的全新的公共部门管理模式。公共部门绩效管理主旨是增强责任性和提高效率，为实现这一目标，就必须增进公共部门及其工作人员的服务意识和顾客至上的服务理念，增强公共部门的成本意识。同时值得注意的是，对于公共部门绩效管理主旨的认识，应该包含个人绩效和组织绩效的双重要求，两者是一个统一的绩效体系。这就是说，公共部门绩效考核的主要分析对象是以其个体绩效和公共部门组织绩效为研究范围，通过管理者与员工的充分沟通，使个体和组织的目标及发展方向在战略上保持一致，进而形成良好的绩效体系，以促进整体绩效提高的一套绩效考核系统。

首先，是公共部门工作人员个人的绩效，每个工作人员都是公共部门绩效考核的对象，这对于个人的晋升、奖励等具有重要作用，这是整个绩效体系的基础部分和最小单元；其次，公共部门工作具有特殊的公共性，也就是公共部门代表公众行使公共权力和掌控公共资源，要以实现公共利益为目的，在某种意义上，公共部门的绩效就是每个工作人员绩效的总和，因此，绩效考核不仅要考核公共部门中的工作人员，更要对整个公共部门组织考核。至于公共部门人力资源绩效管理和公共部门绩效管理的关系，应该是“被包含于”的关系，即公共部门人力资源绩效考核被包含于公共部门绩效考核，是公共部门绩效考核的一个重要部分。公共部门绩效考核对于推进公共管理由“治理”向“善治”转变具有重要意义，在建设人民满意的服务型政府的进程中占据着重要地位。

另一方面，由于新公共管理运动和新的管理理论的影响，政府部门也在积极探索和改进绩效考核的方法，通过考查和评价公职人员在工作中的德行操守、政治素质、工作表现、业务能力和实际业绩等情况，施以奖惩，激励公职人员不断改进自身行为，从而提高公共部门整体效率。具体来说，政府部门绩效考核指在一定期限内，对政府部门的工作效率、能力、公共责任、服务质量、公众满意程度等维度的分析和针对性评价，对其管理过程中的投入与产出所反映的绩效进行评定、划分等级，以期能够改善政府行为和增强绩效控制的活动。政府绩效管理强调结果，这是符合现代公共管理的新理念，也是当前和今后政府人力资源管理中的重要手段。

对于政府部门人力资源绩效管理定义的探索，孙柏瑛和祁光华（2004）在《公共部门人力资源管理》一书中将公共部门人力资源绩效管理定义为“以人本理念为指导，在组织战略的框架下公共部门主管及相关部门人员在协调、沟通和反馈的基础上就反映人员绩效及人员与组织目标的关系等问题上达成一致的系统管理过程，包括事前计划、事中管理、事后考核等诸多环节”。一般而言，我们把政府人力资源绩效管理界定为各级政府对其工作人员进行任务布置、工作结果评估、实施奖惩等一系列日常性的管理活动。这其中也包括了政府的人力资源规划及对工作人员的录用、培训、使用、奖励等方面，政府人力资源绩效管理是一种综合性管理活动的总和，具有公益性、权威性和法制性等特点。在我国，政府人力资源绩效管理中的绩效内容是指：政府履行其职责，即在社会管理中的结果、效益，以及其管理工作的效率、效能，是以其在实现自身意志过程中体现出来的管理能力。

我国其他学者对政府人力资源的内涵、内容都做了相关研究。刘倩（2014）认为，服务型政府人力资源绩效管理的核心要义在于通过绩效目标设定、绩效内容实施、绩效结果评价等程序，促使每个政府成员实现工作效益最大化，政府人力资源绩效管理以服务型政府战略目标为前提、以价值创造为理念、以职能互补为重点、以循环管理为目的，最终形成“绩效目标—绩效计划—绩效实施—绩效评估—绩效反馈—绩效改进—（绩效计划）”的循环管理模式，从而实现高效管理。张再生（2006）在考量社会制度“嵌入性”特征的基础上，提出了我国公共部门人力资源绩效管理制度的创新设想，即构建整合公共部门人力资源绩效的价值选择体系、公共部门人力资源绩效的组织管理体系和公共部门人力资源绩效管理的保障机制为一体的绩效治理体系，他认为，政府人力资源绩效管理应以法律制度为框架，在绩效管理主体的价值领导、愿景领导和绩效领导下，设置多元化的绩效考评主体、全面的绩效考核指标、公正科学的绩效考评流程、开放化的绩效考评过程及公开性的绩效考评结果展示。

在政府实施人力资源绩效管理时，应该避免以下误区：一是认为政府人力资源绩效管理是孤立的活动，政府实施人力资源绩效管理只是人事部门的工作，与其他活动无联系，与其他部门不相干；二是政府人力资源绩效管理就是单纯的绩效考核，仅重视绩效考核环节，忽略其他环节；三是忽略绩效管理中的合作，组织缺乏对成员的绩效辅导与绩效沟通；四是忽略绩效导向的作用，不能达到过程控制的实效。

（二）政府人力资源绩效管理的研究视角

1. 公民参与的视角

20 世纪 90 年代后，通过公民参与提升政府部门人力资源绩效管理水平的研究与实践开始受学者关注。Denhardt（2007）等学者开展了这一方面的实验和分析。Kelly 和 Swindell（2003）对美国 13 个地方的政府绩效及其公民满意进行了调查，研究显示，将公民的参与作为政府人力资源绩效管理的结果指标是一个重要的变革。

2. 过程控制的视角

政府人力资源绩效管理模型与方法的变革是西方研究的核心内容。阿斯顿（Aston）工商学院公共服务研究中心使用“最优价值”（best value）作为一种评价框架，使用“平衡计分卡”（balanced score card）在不同利益分享者之间进行对话和合作。美国锡拉丘斯大学马克斯韦尔公民与公共事务学院、美国乔治·梅森大学市场研究中心等对特定政府做了系统研究，提出了绩效管理的政府绩效项目（government performance project，GPP）模型。

3. 结果运用的视角

Donahue 等（2000）认为，传统的政府人力资源绩效管理只是着眼于评价投入-产出或结果，而忽视了政府人力资源管理过程和管理能力，她从组织行为学的角度出发，探讨了如何通过公共管理过程将资源投入转换成产出和结果的能力，以最终提高政府的绩效，即产出和结果，因此政府人力资源绩效管理应当是对政府人力资源管理过程和能力的评价。传统体制下的政府人力资源绩效管理不高的根本原因是“管理黑箱”的存在，资源投入与产出或结果之间缺乏联系。

4. 中国传统型政府人力资源绩效管理变革的视角

罗晓光和申靖（2006）指出，“我国目前还未形成针对服务型政府的以顾客为导向的政府绩效评价体系，政府绩效评价的主体、评价标准、评价指标等都不能完全适应服务型政府建设的要求”。胡宁生（2006）从系统的观点来思考了中国公共部门绩效管理，指出“公共部门绩效管理的发展必须培育坚实的社会管理基础，也必须和政府的治道变革相结合”。

5. 政府人力资源绩效管理实践与服务型政府建设的关系的视角

包国宪（2005）认为，政府绩效管理不但是推进行政管理体制改革的科学工具和有效手段，而且是行政管理体制改革的重要内容。蔡立辉（2003）认为，政府人力资源绩效管理有助于我国从管治行政模式转变为服务行政模式。胡税根和金玲玲（2007）指出，绩效管理弥补了传统官僚制的缺陷，它本身就是建设服务型政府的必然要求。一个负责的政府要以实际行动为公众服务，而绩效管理是建设服务型政府的必要手段。蔡永亮和任金秋（2006）指出，对于政府人力资源管理绩效测量和评价的研究，有助于提高政府的工作效率和改善其服务方式，能够促使政府职能的根本性转变，从而提高政府的服务绩效。彭国甫（2007）提出，政府人力资源绩效管理有利于推动地方政府逐步树立服务型政府新理念，推进体制创新，绩效管理改革正是服务型政府建设的主要突破口和基本要求。

6. 服务型政府人力资源绩效管理体系的结构与实施方案的视角

臧乃康（2004）认为，现实的政府绩效考评系统应包括目标系统、比较系统、测量系统和反馈系统，主要由信息资料收集、绩效目标确定、评价项目划分等环节构成。蔡立辉（2003）提出，政府绩效评价是由收集资料、确定评价目标、划分评价项目、绩效测定及其评价结果使用等组成的行为体系。彭国甫（2005）指出，绩效评价结果的运用是政府绩效评价程序中最重要的一环，也是政府绩效评价的目的所在、动力之源。周志忍（2007）指出，推动管制型行政向服务型行政转变，绩效评价中的公众导向尤为重要。吴建南和孔晓勇（2005）认为，服务型政府的核心是为公民提供所需的服务，所以改进政府绩效的着眼点应放在服务的质量、成本和顾客满意度的改善与提高上。吴江等（2006）认为，服务型政府绩效评价应坚持以政府职能准确定位为基础，以满足民众需求为价值取向，坚持科学发展观和以人为本，以民众和第三方评价为原则。包国宪（2009）在对比中西方政府绩效考核实践的基础上认为，应该创造有利绩效评价的实施环境，树立起以人民满意度为价值取向的理念，将绩效评估作为行政改革的内容加以推广，最终构建起绩效评价的制度化保障，建立科学有效的评价指标体系，做好公务员岗位分析的精细任务，指标设计过程中要区别对待，突出各类指标的针对性，将定性指标与定量指标相结合；科学构建绩效评价的组织体系，引入多元化的评价主体；积极利用评价结果，建立有效的反馈机制，将评价结果与评价对象的利益挂钩。

（三）公务员绩效考核

公务员是政府人力资源的重要组成部分，公务员绩效管理理所当然地成为政府绩效管理的基础和核心，也是管理的重点和难点。绩效考核作为绩效管理的关键环节，是对绩效计划执行情况的检查和总结，为绩效改进和奖惩提供了客观的事实依据。因此，厘清当前我国公务员考核的理论和实践困境，是促进公务员绩效管理理论和实践的重要任务，对建设服务型政府和实现治理体系与治理能力现代化具有重要意义。目前，国内对于公务员考核的研究还不够深入，主要集中于对公务员绩效考核现状及问题的分析、考核困境与障碍的原因探究、改善公务员绩效考核的对策三方面。

1. 公务员绩效考核现状及问题

胡税根和金玲玲（2007）认为，我国公务员绩效考核在法制化进程中缺乏专门的下位立法，考核评估的程序制度缺乏保障，存在监督机制不健全且监督工作没有落实等问题。张再生（2006）认为，影响我国公务员绩效考核的因素包括工作目标不明确、考核标准模糊且主观性强、考核标准与个人晋升和薪金联系不强等。张岩鸿（2006）认为，我国公务员绩效考核存在绩效评估结果运用弹性大、正向引导作用微弱，绩效评估方法不科学、程序不规范等问题。贾洪斐（2005）认为，我国现行公务员绩效考核在考核标准、考核主体、考核结果反馈、考核后续培训等方面存在缺陷和不足。包国宪（2009）认为，我国在公务员绩效考核结果的运用方面还存在着不足，包括考核随意性大、缺乏制度化保障、考核结果运用方式单一、缺乏绩效管理的有效手段、结果运用的形式化倾向严重、考核缺乏相应的配套措施（如信息公开和激励等机制）。

王阳（2006）指出，我国公共部门人力资源在考核制度方面存在不足，在考核标准中，考核指标千篇一律，不具有针对性，使考核的信度和效度降低；在考核者中，缺乏公众参与，考核主体单一，难以保障考核的公平；在考核结果反馈中，缺乏考核者与被考核者间针对考核结果的双向沟通，考核者仅将考核作为决定被考核者晋升和加薪的工具；在考核效用发挥中，领导意志使考核的作用受到抑制，难以为人力资源管理实践提供客观依据。

2. 考核困境与障碍的原因探究

周志忍（2009）认为，我国公务员绩效考核的困境是由下列原因引起的：①公务员职位描述和考核间缺乏有机联系，目前的岗位责任描述难以系统覆盖所有的职责领域；②我国东部、中部、西部的地区差异使公务员绩效考核标准难以准确覆盖，就考核内容的指标细化量化工作而言，各地投入-产出比也有明显差异；③制度缺失和制度执行随意化使考核难以达到对公务员的激励效果，考核过程透明度不足也使公务员对考核产生抵触心理；④对绩效考核的重要性和价值认识不到位，使考核与人事管理工作脱节。

胡税根和金玲玲（2007）认为，我国公务员绩效考核法制化障碍的原因如下。①现有政府绩效评估技术的限制。政府现有的绩效评估技术来自企业绩效管理，但公共部门面向社会，考核指标具有不易于量化的特点，且绩效管理在我国发展时间较短，我国相关的理论研究和实践经验尚不成熟；②官僚主义的抵抗。政府内部的既得利益格局会本能地抵制或有意地操作绩效考核，最终使考核系统瘫痪；③传统文化和观念的影响。我国传统的“人治”思想有向有利于组织内部和谐的取向，人情关系取代科学客观的评估标准，且官本位权力观使考核成为上级控制下级的手段。

张岩鸿（2006）认为，我国公务员绩效考核中存在的问题是由主观因素和客观因素共同造成的。其中，主观因素包括政府对绩效评估的抵制和政府对绩效管理的认知偏差；客观因素包括公共部门的职能定位不明晰、政府绩效测量的复杂性、绩效评估刚性法律依据不完善及社会中绩效管理的氛围不强等因素。

姜海如（2002）认为，我国公务员考核评价的低效原因包括：考核标准难以比较，考核运作难以掌握；考核评定偏重定性，考核结果优劣难分；考核技术发展较慢，考核较难做到客观公正；考核运作不够严谨，考核结果受人为因素影响；考核结果注重平衡，考核激励效果不够理想；考核结果使用简单，考核功能没有被充分发挥。

徐庆平和章海宏（2013）认为，我国公务员绩效考核指标设计障碍的原因如下：①公务员绩效产出具有复杂性，确定绩效测量要点比较困难，绩效产出受到内外部因素的共同影响；②公务员绩效致因具有多样性，要确定绩效考核内容比较困难，且现行的考核内容无法对公务员的行为过程、结果和特质潜能进行全面测量；③公务员岗位与职责具有多样性、层次性，要使绩效考核指标规范又灵活比较困难，公务员的层级区别和岗位差异都使得考核指标设计在共通性、规范性、特殊性和灵活性上难以平衡。

3. 改善公务员绩效考核的对策

方振邦（2008）认为，应将平衡计分卡引入政府绩效管理，以促进科学评价工作绩效，可以使评价指标更健全，评价方法更科学，且有利于实现对领导客观、全面地评价。

范柏乃等（2006）在对比韩国政府绩效考核的基础上提出，要改变我国政府现今对公务员绩效考核不重视、考核浮于形式的现状，在公务员中实施目标管理，引入工资绩效制，提高考核结果的使用价值。

兰州大学的包国宪（2009）在对比中西方政府绩效考核实践的基础上，对我国公务员绩效评价提出了四点建议：①创造有利于绩效评价的实施环境，树立起以人民满意度为价值取向的理念，将绩效评估作为行政改革的内容加以推广，最终构建起绩效评价的制度化保障，使改革常态化；②建立科学有效的评价指标体系，做好公务员岗位分析的精细任务，在指标设计过程中要区别对待，突出各类指标的针对性，将定性指标与定量指标相结合，且注意避免指标内容重复；③科学构建绩效评价的组织体系，引入多元化的评价主体，采用内部评价与外部评价相结合的评价方式，并建立监督机构，以保障评价的结果客观、公正；④积极利用评价结果，建立有效的反馈机制，将评价结果与评价对象的利益挂钩，使被考核者自愿地被考核指标引导，完成组织目标。

张岩鸿（2006）认为，应从明确岗位职责，将考核核心指标与民生导向相结合，建立科学、公开、公正的刚性考核程序，引入公民参与、构建多元评估主体，加强信息化建设、提高公务员绩效考核的技术保障水平。

贾洪斐（2005）认为，应认真落实公务员考核评估的相关法规制度，制定科学的工作分析和岗位说明书；建立合理的评估维度，细化和量化考核指标；实行考核责任制，建立考核监督机制；及时反馈，完善封闭的绩效考核管理系统，从而对我国公务员绩效考核进行改革和完善。

叶强（2013）认为，我国公务员绩效考核制度的完善应从以下三方面入手。①强化公务员绩效考核的组织领导，设置独立的考核机构，减少机构主体和财政上的依附，使考核能够发挥实际作用。②科学建立公务员绩效评价体系，将政治标准放在首位，重能力，更重品性；进一步完善考核内容，增强考核内容的科学性；改进公务员的考核方式，灵活运用多种方式，增强考评的完整性和系统性；扩大公务员绩效考核民主制，强化群众的参与监督，坚持民主与集中相结合的原则。③重视公务员绩效考核结果的运用，通过建立完善的晋升激励机制、公务员绩效考核结果信息公开机制、公务员绩效考核结果应用监管机制、公务员绩效考核结果应用反馈机制，激励和促进个人及部门为改进绩效而不断努力。

通过上述分析可以看出，政府部门人力资源绩效管理模式问题已得到了国内外专家学者的重视，并取得了诸多有益的研究成果。这些研究成果无疑为政府部门人力资源绩效管理模式的进一步研究奠定了基础。例如，在人力资源绩效管理的含义及其特征分析方面所取得的成果，为绩效管理模式的工作机理、绩效构成及绩效管理分析奠定了良好的基础；关于绩效评价方法的研究则为绩效评价提供了方法论上的支持；而关于绩效激励方面的研究，则为绩效提升体系的建立奠定了基础。

然而，现有的研究还存在一定的不足之处。现有的大部分研究没有将从事社会服务的公务员与一般组织内的员工的绩效进行必要区分，这样就使得对于政府部门人力资源绩效管理的研究缺乏针对性。也就是说，目前对于政府部门公务员绩效管理的研究，主要是建立在一般性组织，甚至企业员工绩效的概念的基础上。因此其研究结论对于政府部门人力资源管理的适用性将缺乏基础支持，并有待于进一步验证。

现有的研究没有建立起完善的政府部门人力资源绩效和绩效提升机制。服务型政府中人力资源绩效管理事实上应该包括绩效评价和绩效提升两个部分：在绩效评价的研究中，由于缺乏对政府部门人力资源绩效内在影响因素构成的分析，其绩效评价指标体系就会缺乏针对性和完善性；而在绩效提升研究中，由于缺乏相应科学的绩效评价作指导，其绩效改善措施缺乏针对性和适用性。

在改进我国政府部门人力资源绩效管理方面，多数学者认为，明确考核的观念和目的、优化社会环境、细化量化考核指标、分类分级进行考核、加强相关法规制度的建设、落实考核的反馈工作、加强考核结果的运用效度、设置独立的专业考核机构可以对我国公务员考核实践进行整体完善。

在具体研究中，学者采用对比研究、文献研究等方法对我国公务员绩效考核从理论剖析到实践探索都进行了相应的研究。在研究中也存在着一些客观限制导致的不足之处，主要表现为：对改进政府部门人力资源绩效管理提出的对策多、原则性强，但在实践探索方面具体操作性的建议较少。

因此，在充分吸收和借鉴现有研究成果的基础上，针对服务型政府行政工作的特点，利用科学的分析方法和分析工具，对服务型政府中人力资源绩效管理展开系统而全面的分析，将是非常必要的。

二、人力资源绩效管理模式及缺陷

（一）人力资源绩效管理模式

目前，我国政府人力资源绩效管理的主要形式可以归纳为行为目标模式。具体来说，第一类是通用性的人力资源绩效管理模式，该模式主要针对政府内部的具体业务工作的开展，运用目标责任来实现对传统行政工作的效率、绩效等方面的考核，具有明显的内部性特征。第二类是政府具体职能部门的绩效管理模式，该模式主要是由上级主管部门对具体的政府职能部门的绩效开展自上而下的考核，具有鲜明的单向性特征。第三类是特定类型的绩效管理，该模式由相关主管部门针对具体承担某项专项行政职能的部门开展特定目标的考核，这一模式与前两个模式的主要区别在于，其更加强调服务对象的满意度，因而具有突出的外部性特征（蔡立辉，2007）。以上三类政府人力资源绩效管理模式都是属于行为目标模式。该模式是把政府的管理目标、方案、计划等用政府取得的绩效成果来表示，并把目标、方案计划作为人力资源绩效管理的主要依据，绩效管理就是判断实际活动达到目标的程度，同时也规定了绩效管理的主要目的是找出实践工作偏离目标的程度。

（二）人力资源绩效管理模式的缺陷

长期以来，我国政府绩效管理存在着一定的误区，过于将绩效管理的焦点聚焦于工作本身，包括工作过程与工作结果，而忽略了一个重要的问题，即工作的载体——人的管理及工作实践活动的价值管理。由于这一误区的存在，行为目标模式就有其根本的缺陷。第一，政府人力资源绩效管理若单纯地以目标为依据和中心，那么，目标设计的合理性和可行性又怎样能得到保证呢？第二，政府工作要达到预期的目标，那么，工作过程中所需的绩效资源要不要评价，怎样评价？第三，对于大规模投入的政府计划，如何实现政府内部各部门之间的业务需求对绩效管理的认同呢？如此等等，问题不一而足。

因此，对于服务型政府的建设，其人力资源绩效管理要获得较高的回报，首先要立足于政府部门的人力资源队伍“内功”的提升，从而在此基础上实现行政行为高效和行政效益高。同时，政府人力资源绩效管理还需要坚持一种理念，要在某种程度上坚持从个体和部门的工作结果来判定其价值，而较少考虑目的或目标。这一思想的基础是人力资源绩效管理太容易受目标的限制，它适用于第三方评价的类型。而第三方容易受目标决策者与操作者的影响，把考虑重点由“目标要求干什么”改为“工作过程实际干了什么”。这一思想的基础是强调政府人力资源绩效管理中的重要准则并非工作的方案、计划应当满足目标的程度，而是它们能满足社会实际需要的程度，包括政府内部各部门之间的业务需求，价值来自政府绩效结果与受其影响的公众需要之间的一致性，而不是来自结果与目的之间的一致性。

三、人力资源绩效管理模式的相关概念

（一）人力资源绩效管理模式的内涵

服务型政府人力资源绩效管理是一个过程，是对政府管理过程中人员工作实践活动的投入、产出与成果影响所反映的绩效进行管理的过程。但是笔者认为，如何使所有政府成员更加有效地工作才是人力资源绩效管理的核心问题所在，是在分析社会需求的基础上，设计人力资源绩效管理目标，运用评价指标对政府部门内的个体履行行政职能所产生的结果及其影响进行评价、划分绩效等级、提出绩效改进计划和运用评价结果来改进绩效的活动过程。由此观之，服务型政府人力资源绩效管理就是以人力资源价值最大化为前提，以价值管理理念为组织共同信仰，人力资源绩效管理者以价值管理者的角色，分析部门绩效规划与目标，科学构建绩效评价指标体系，通过绩效资源对价值驱动因素中增值业务环节的支持，最终获得部门内部人力资源绩效最优化与个体价值发挥最大化，如图 1-1 所示。在这个模式中，确定基于价值理念导向的绩效目标、进行业务流程再造和绩效资源配置管理是起点与基础，建立一套能够反映行政效能的评价指标、绩效标准和计量方法是主要内容，构建评价结果的应用机制是核心。

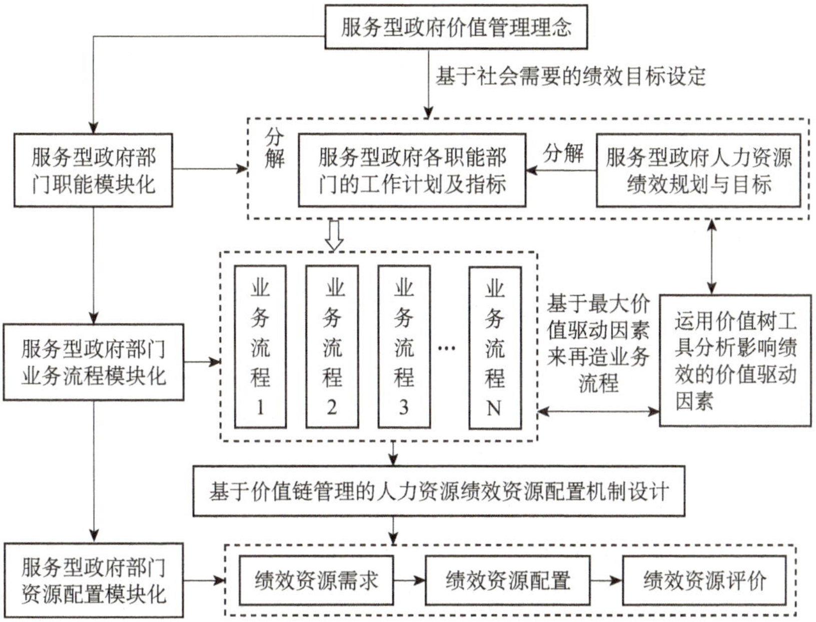

图 1-1　服务型政府人力资源绩效管理概念图

（二）人力资源绩效管理者的定位与职责

1. 人力资源绩效管理者的定位

长期以来，对于人力资源管理主体的认识，普遍认为是人力资源管理部门的职责。在现代组织中，人力资源管理的责任是由人力资源管理专职人员与各部门负责人共同承担的。本书认为，服务型政府人力资源绩效管理者是由人力资源部门绩效管理专职人员与各部门负责人共同构成的，两者相互作用、相互支持，从而共同实现人力资源绩效管理的实践活动。在这一实践活动中，人力资源绩效管理专职人员的职责主要包括：绩效管理的程序设计，管理技术服务，评价方法开发，监控/评价实践活动，辅导协助部门负责人及实践活动的组织工作。而部门负责人则是绩效管理的执行者与实践者。

2. 人力资源绩效管理者的职责

在价值管理的视野下，服务型政府人力资源绩效管理者更重要的职责是实现所有公务人员的价值，他们明确人力资源绩效管理对象，通过绩效管理激励个体的价值创造，通过各种科学的运行机制来保证所有人力资源的价值实现。因此，价值管理者必须采取与其他管理者迥然不同的管理方式，他们关心的不是外在的绩效变化或考评的优差，而是作为服务型政府所要求的，能够向社会提供可持续优质服务的公务员核心能力的提升。所以，价值管理者就是要在服务型政府中建立一种价值创造的理念。为了达到这一目的，价值管理者不仅需要将价值作为服务型政府各部门的人力资源管理理念，包括各部门的业务组合、重大的职能战略举措和确定价值创造的目标，而且必须确保各部门的日常事务流程都与价值创造保持一致。

四、人力资源绩效管理模式的理论要素

服务型政府人力资源绩效管理模式是一个庞杂的系统，它是一种在行政效益高效与行政行为高效的“双效”目标的指导下，以职能兼并和职能剥离为切入点，以业务流程再造和职岗分类再造为主要途径，通过价值链的重新设计与分配，充分分析相关利益群体，在构建完善的沟通与监督体系后建立起来的一种区别于传统政府人力资源改革的新模式。这一模式的理论要素就是为了实现政府持续创造价值的能力。要明白其运行规则与原理，首先要明确各构成要素的基本作用与地位，如表 1-1 所示。

表 1-1　基于价值管理的服务型政府人力资源绩效管理的关键点

关键点组成部分	关键特性
价值管理理念	清晰表达和共享服务型政府及职能部门战略规划的本质价值，并能够成为全国公务人员共同信仰
价值管理者	专注于服务型政府战略目标价值理念的逐层细分后，体现在职能部门人力资源绩效指标的具体化与量化，能够把握关键价值因素
个人发展	注重政府部门中每位公务人员的内在核心的行政能力及其潜力的培养与发掘
关注价值驱动因素	事关政府部门可持续行政能力与个体岗位核心能力的因素
科学、简明的业务流程	以绩效管理为动力、以完整性为核心、以动态为前提
精准的资源配置	价值增值活动为配置核心
通畅的业务群沟通	基于模块化的业务网络结构

（一）模式运行的原始动力

人力资源绩效管理模式的变革是建设服务型政府的重要内容，具有较强的理论价值与实践价值。政府部门人力资源绩效管理结果长期以来只承担了对公务人员工作的考核功能，忽视了在人力资源规划、培训等环节的作用的发挥，导致政府人力资源绩效管理的作用难以在后续的管理中有效地发挥，无法促进政府行政能力的持续创新与人力资本使用回报率的有效

提升，因此，必须对传统的政府人力资源绩效管理模式进行变革，这是人力资源绩效管理模式变革的基本立足点与模式运行的原始动力。

（二）模式运行的前提

服务型政府决定了其人力资源绩效管理的目标在于以最少的资源、最快的速度实现对政府公务员有效的人力资源绩效管理，通过整合多方资源，实现价值的最大化，并最终将这种价值的最大化外化为对行政效益提升、行政行为高效的“双效”整合，促进政府价值创造能力的持续提升。服务型政府人力资源管理模式就是要在“双效”目标整合的前提下，对模式的运行规则、运行途径等进行科学的规划设计与指导，确保模式运行落到实处。

（三）模式运行的切入点

建立在职位分析基础上的职能的科学设置与高效实施是服务型政府人力资源绩效管理改革成功的关键所在，因此，在服务型政府人力资源绩效管理模式的具体运行中，一方面，要转变政府职能，有效实现政府由传统管制型政府向服务型政府、保姆型政府向有限型政府的转变；另一方面，要以政府职能的兼并与剥离、构建服务型政府人力资源管理的网络构架为切入点，确保人力资源绩效管理模式的有效运行。

（四）模式运行的主要途径

科学的业务流程是服务型政府人力资源管理模式有效运行的重点，同时也是人力资源绩效管理模式变革的出发点，与之相对应地进行公务人员的职岗分类再造是变革传统的主要途径。一方面，业务流程再造与职岗分类再造为作为服务型政府人力资源绩效管理模式运行切入点的职能兼并与剥离提供了现实途径，确保了人力资源绩效管理的有序开展；另一方面，业务流程再造与职岗分类再造有力地对传统政府的人力资源绩效管理模式进行了修正，纠正了传统绩效管理模式的低效率、高重复的建设与运行，提高了政府的价值创造能力，提升了人力资本的投资回报率。

（五）模式运行的动力

服务型政府人力资源绩效管理模式的改革是一个全方位、深层次、高度复杂的系统性工作，其具体运行必然也要涉及多方利益，对这些利益群体进行全面而系统的分析，并在此基础上进行准确的定位，满足各利益群体的需求，充分调动各利益群体的积极性，能够为服务型政府人力资源绩效管理模式的运行提供持续不断的动力，保障其运行落到实处。

（六）模式运行的保证

只有完善的沟通与监督才能保证模式的运行落到实处：一方面，通过在模式运行中营造沟通氛围，搭建沟通平台，建立沟通制度，合理使用沟通策略与沟通技能等方式，在人力资源绩效管理理念、绩效管理政策、绩效管理内容及绩效管理结果的反馈等方面对利益群体进行合理有效的宣传与交流，保障人力资源绩效管理活动的有序开展；另一方面，各利益群体要注重对人力资源绩效管理模式运行中各要素的实现状况、资源的使用情况等进行实时的、动态的监控，确保模式的运行有序推进。

第三节　人力资源绩效管理模式运行的影响因素

行政系统理论认为，任何行政组织都存在于特定的环境之中，并与之产生信息、物质、资源等交换与互动。这种行政环境以行政组织系统边界为界限，被划分为内部环境和外部环境，由此便会产生从内部和外部两个方向的力量，并对行政系统产生影响。服务型政府人力资源绩效管理模式产生并存在于特定的行政环境之中，在其具体运行的过程中必然会受到多种因素的影响与干扰，这种影响与干扰既来自政府外部，又来自政府内部，在内部和外部因素的综合作用下不断推动政府人力资源绩效管理模式更加完善和成熟。

一、外部影响因素

服务型政府人力资源绩效管理不只是政府内部的绩效管理活动，其模式的制定、实施和运行都是在一定环境中进行的，尤其是模式的运行，将更多的受到外部环境的影响与干扰，外部环境中的诸要素通过绩效管理活动的各环节对绩效管理模式中各要素的相互联系、相互作用的运行规则产生巨大的影响。一方面，西方管理理论的介绍及先进技术的使用极大地推进了人力资源绩效管理模式的有效运行与实施。同时，社会公众对政府服务水平有了更高的要求，为了达到这一目标，必须要对政府内部人力资源绩效管理模式的实施进行科学的规划与推进。但是，在借鉴和引用西方的管理理论与方法时，由于历史文化的差异，大量西方理论与技术在中国的移植失败。另一方面，随着中国特色社会主义进入新时代，我国社会主要矛盾已经转化为人民日益增长的美好生活需要和不平衡不充分发展之间的矛盾。我国政府人力资源绩效管理所面临的外部社会环境发生了深刻而广泛的变革，因此，在服务型政府人力资源绩效管理模式的运行中，要善于把握国内环境中各因素的变化，根据社会公众利益需求及时调整模式的运行状态，提升模式实施的针对性与时效性。

二、内部影响因素

服务型政府人力资源绩效管理模式是一个以中国特色社会主义法律体系为框架、以以人为本的价值理念为指导、以实现个体层面的行政行为高效和组织层面的行政效率高效为目标的系统模式，具有整体性、层次性和协调性特征。服务型政府人力资源绩效管理模式的运行更多地关注政府内部成员的价值创造活动，提升政府行政能力的可持续性，因此，该模式的运行更多地受到政府内部诸因素的影响。

第一，相关领导的重视与支持。领导在组织中承担着计划、组织、指挥、协调、决策等领导职能，是组织活动中引导并影响个体、群体或组织来实现所期望目标的关键要素。从事物的发展规律来看，在服务型政府人力资源绩效管理模式的建立之初，结构要素还有待优化，大家对新鲜事物的认可度和接受度还不高，相关的制度保障体系也不健全，为了保障其有效实施与运行，需要依托一定的权力进行强制的推进，这时，取得上级领导的重视与支持就显得尤为重要。在服务型政府人力资源绩效管理模式发展的成熟阶段，各项制度基本固定，运行程序基本程序化，模式发展常态化，但外部环境和内部结构无时不处在变化之中，对人力资源绩效管理模式不断提出新挑战和新要求，在这一阶段，就迫切需要领导者抓住时机、把握方向，在稳定中求变革，既保持人力资源绩效管理模式的稳定发展，又在不断变化的环境中寻求突破与创新。

第二，操作者的综合素质。服务型政府人力资源绩效管理模式是在政府部门内部，由从事人力资源工作的专职人员及各职能部门负责人推进实施的，作为实施主体，其综合素质如何，将直接关系到人力资源绩效管理模式的运行结果与效率，影响人力资源绩效管理目标的实现。操作者的素质具有双重含义：首先是指价值素质，包括文化、思想、政治、道德等因素，以及由这些因素综合而形成的价值取向和本质能力，这直接决定了操作者对人力资源绩效管理模式的认同度和理解度；其次是指能力素质，包括执行力、判断力、决策力等要素，具备较高能力素质的操作人员能够正确、有效地实施人力资源绩效管理活动。

第三，内部公务人员的认可与支持程度。服务型政府人力资源绩效管理的对象就是政府内部所有的各类公务人员，作为价值创造活动的直接承担者与实施者，取得政府公务人员的认可与支持，能够有效推进模式运行进程，提升模式运行效率，保障模式运行结果，积极促进价值创造能力的持续提升。内部公务人员对绩效管理模式的认可度越高，越能调动内部人员工作的积极性和主动性，是提升成员绩效和发挥人员绩效管理实效的内部动力。

第四，政府部门之间职能划分与权责关系。服务型政府人力资源绩效管理模式的运行是一项庞杂的系统工程，需要政府内部各职能部门的有效参与和支持，因此，在具体的运行过程中，必须要明确各职能部门的责、权、利关系，以公众需求为导向，以推动政府价值创造能力的持续提升为根本指向，积极配合模式的具体运行。清晰的责、权、利是提高组织机构运行效率的前提基础，也是合理分配人员、安排任务、实现系统协调运转的组织保障。满足公众需求是服务型政府人力资源绩效管理模式的最终目标，是构建服务型政府的必然要求。

第二章
服务型政府人力资源绩效管理模式历史与现实

作为一个发展中国家，我国面临着由传统计划经济向市场经济转轨的重大历史任务；同时，与之相适应的政府人力资源绩效管理模式变革无疑也正处于一个漫长的过程之中。我国政府人力资源绩效管理模式与西方国家的政府人力资源绩效管理模式存在着较大差异，其与我国政治制度、经济制度、文化传统等密切相关，受我国不同历史时期内的社会因素所影响，并对加强政府人力资源绩效管理具有重要意义。因此，在系统梳理我国传统政府人力资源绩效管理模式的基础之上，进一步分析当前政府人力资源绩效管理模式存在的问题及其原因，从而科学提出服务型政府人力资源绩效管理模式改革的新趋势，这既是深入探讨服务型政府人力资源绩效管理模式变革的逻辑起点，也是系统研究服务型政府人力资源绩效管理模式的客观要求。

第一节　人力资源绩效管理的历史演进

一、早期模式（1949～1978年）

自1949年中华人民共和国成立到1978年我国实行改革开放，我国政府人力资源绩效管理模式为传统管制型。

传统管制型模式的主体是政府组织，其目的在于维护统治阶级的政治统治；而传统管制型模式的客体是社会公共事务，其目的不仅在于维护统治阶级的利益，还在于反映和表达社会公众的利益需求与社会期望。我国传统管制型模式下的政府人力资源绩效管理主要呈现出以下几大特点。

（一）计划性

所谓计划性，是指在我国实行计划经济体制时期，传统管制型政府对政府人力资源进行绩效管理时带有计划经济体制特色，在对人力资源的配置、使用过程中，计划、指令、编制等管理方式占据主导地位。传统管制型模式下的政府人力资源绩效管理以“事”为核心，重计划，而忽略人的主体价值和客观需要，从而缺乏对人的主观尊重和客观满足；同时，由于计划经济体制下选人、用人的政治色彩浓烈，所以社会较侧重于整体性利益，在人力资源绩效管理方面体现为重结果而轻过程、重形式而轻内容、重对人力资源的拥有而忽视对其加以合理开发与使用。传统管制型政府在人力资源绩效管理方面的这种浓厚计划性，对中华人民共和国建立初期开展基层政府人力资源绩效管理具有重要意义。

（二）被动性

所谓被动性，是指传统管制型模式下的政府人力资源绩效管理缺乏主观能动性，仅是单纯、机械地执行政府组织内部的相关行政指令，而不具备根据政府组织的内外环境变化和其发展需要进行积极开拓的预测性与前瞻性。一方面，传统管制型人力资源绩效管理较侧重于输送人才、考核人才等服从型工作职责，而忽视发现人才、培养人才等决策型工作职责，因而其只是被动、机械地为政府组织输送人才，并按照相关行政指令对人才加以考核或进行人员调配、工资发放等，而缺乏发现人才、培养人才以使人才发挥最大效力的主观能动性；另一方面，传统管制型人力资源绩效管理系统本身较为零散化、碎片化，缺乏整体性和系统性，其各组成部分之间相互衔接不够，忽视组织人员之间的相互协作与有效沟通，整体有效性较差，从而使得其组织人员只能被动接受，而无充分施展主观能动性的空间。

（三）静态性

所谓静态性，是指传统管制型模式下的政府人力资源绩效管理系统各组成部分较为孤立，政府人力资源绩效管理整体呈现出静态管理状态。从纵向上来看，传统管制型人力资源绩效管理系统各组成部分较为孤立，因而造成政府在人事管理的录用、培训、考核、调动等管理环节上相互脱节；从横向上来看，因为人事管理具有较重的计划性色彩，而表现出对人力资源重视其拥有的量，而相对忽视人才资源的系统开发和科学配置与使用，很容易造成人力资源浪费。同时，传统管制型人力资源绩效管理将政府部门中的公务人员当作一种行政的工具，或者只是将其当作执行行政决策和行政任务的载体，忽略了人的主体性价值和人力资源内在潜能的系统开发与有效使用。

正是由于计划经济体制下的传统管制型政府人力资源绩效管理模式具有计划性、被动性和静态性等三大特点，所以1949～1978年，我国政府人力资源绩效管理过于强调政府组织工作，而忽视人力资源的主体性价值，且使其居于从属地位，从而出现了政府人力资源绩效管理的封闭、半封闭状态，并在一定程度上造成了我国政府人力资源的供需矛盾。

二、基本模式（1978～2005年）

自1978年我国实行改革开放以来，我国的经济制度逐渐由计划经济体制过渡到社会主义市场经济体制，与此相适应的是，我国政府人力资源绩效管理模式也逐步由传统管制型模式向现代服务型模式转变，并在1978～2005年处于由传统管制型政府人力资源绩效管理模式向现代服务型政府人力资源绩效管理模式过渡的时期。从1978年改革开放引入市场经济体制到2005年我国正式颁布《中华人民共和国公务员法》，我国国家公务员制度的探索和确立主要经历了以下三个发展阶段。

（一）立法准备阶段（1978～1986年）

1978年改革开放引入市场经济体制以来，我国政府人力资源绩效管理模式逐步摆脱计划经济体制的束缚，政府人力资源绩效管理逐步向市场导向型模式转变，从而为政府人力资源绩效管理注入了新鲜活力；20世纪70年代末80年代初西方掀起的“新公共管理运动”对我国政府人力资源绩效管理产生了一定的冲击和影响，随着西方人力资源绩效管理理论的引入和逐步本土化，我国政府日趋重视完善人力资源绩效管理系统，加强人力资源整体性开发和合理使用。在这一时期，我国陆续出台了一些有关政府人力资源绩效管理的改革措施，如干部“四化”方针的提出、领导干部终身制的废除、干部退休制度的建立等。1984年，我国政府人事管理制度实行全面改革，并由中共中央组织部和劳动人事部根据中央指示开始草拟《国家机关工作人员法》；1985年其改名为《国家行政机关工作人员条例》；1986年，中共中央政治局下属干部人事制度改革专题小组结合我国具体国情，对其做出了重大修改，将其定名为《国家公务员暂行条例》，并首次提出了“国家公务员”这一概念，从而促进了我国政府人力资源绩效管理的法制化进程。

（二）决策与试点阶段（1987～1990年）

自1986年首次提出了“国家公务员”这一概念以后，党和国家最高权力机构经过反复讨论，最终决定推行国家公务员制度，并于1987年在中国共产党第十三次全国代表大会上正式宣布，我国将建立和推行中国特色的国家公务员制度。1988年，成立了国家人事部，专门负责国家公务员制度运作管理工作；1989年，在国务院的审计署、海关总署、国家统计局、国家税务局、国家环保局和国家建材局等六个部门进行了公务员制度试点；1990年，又在哈尔滨和深圳两个地方政府开展了试点推广工作（孙柏瑛和祁光华，2004）。

（三）确立与推行阶段（1991～2005年）

在1991～2005年，国家公务员制度得以逐步确立和推广，政府人力资源绩效管理的相关法律也日趋完善，大大推进了政府人力资源绩效管理的法制化进程。例如，1993年4月24日通过并于1993年10月1日起实施了《国家公务员暂行条例》，并陆续出台了与之相关的《国家公务员考核暂行规定》《国家公务员奖励暂行规定》等多个配套实施细则，后又经多次探索、丰富与完善，于2005年4月27日正式颁布了《中华人民共和国公务员法》，为大力推行国家公务员制度和促进传统管制型政府人力资源绩效管理模式向现代服务型政府人力资源绩效管理模式的有效转变提供了重要的法制保障。

综上所述，随着市场经济体制的引入，在1978～2005年，我国政府逐步正视人力资源的主体价值，尊重其客观需要，注重对其内在潜能性进行系统开发和利用，并真正在人力资源管理观念上由传统的管人才、用人才转变为现代的开发人才、培养人才；尤其是在政府人事管理制度实行全面改革以后，国家公务员制度的逐步确立和深入推行，以及《中华人民共和国公务员法》的最终出台，都标志着在这一时期我国市场导向型政府人力资源绩效管理模式已经形成，并在逐步展开。

三、发展模式（2006年至今）

自《中华人民共和国公务员法》正式实施以来，国家公务员制度的建设与改革取得了突破性进展。现阶段，我国公务员制度的法律框架已经建立，形成了一个以《中华人民共和国公务员法》为主体，由多个单项法规和实施细则为配套的公务员管理法规体系。回溯《中华人民共和国公务员法》实施的十年历程，可以发现，我国公务员制度建设呈现出渐进性创新的发展脉络，出现了一系列改革的亮点，进一步摒除了传统干部人事制度的弊端。这一时期，国家公务员制度以中国共产党第十八次全国代表大会为标志，可以划分为以下两个阶段。

（一）发展和完善阶段（2006～2012年）

2006年1月1日，《中华人民共和国公务员法》正式实施，表明公务员制度的一系列相关规定通过法律形式得以确立，显示公务员管理迈入法治化进程。这一时期，我国政府人力资源绩效管理各项制度得到完善和发展，各项管理工作逐步走向程序化和常态化。自2007年以来，中共中央陆续出台了《公务员考核规定（试行）》《公务员奖励规定（试行）》《行政机关公务员处分条例》《公务员职务任免与职务升降规定（试行）》《关于实行党政领导干部问责的暂行规定》等一系列文件，实现了公务员正向激励机制和监督约束机制的平衡发展。2009年6月，中央政治局会议组织召开了干部考核工作专题研究，随后下发了“一个意见，三个办法”（《关于建立促进科学发展的党政领导班子和领导干部考核评价机制的意见》《地方党政领导班子和领导干部综合考核评价办法（试行）》《党政工作部门领导班子和领导干部综合考核评价办法（试行）》《党政领导班子和领导干部年度考核办法（试行）》），促进了党政领导班子和领导干部考核评价机制科学化发展。2010年，下发了《2010—2020年深化干部人事制度改革规划纲要》，进一步对公务员绩效考核工作提出了新要求。这些都为我国政府人力资源绩效管理提供了新的机遇，加速推进了政府人力资源绩效管理的科学化、制度化和规范化。

（二）突破和创新阶段（2013年至今）

中国共产党第十八次全国代表大会以来，党中央不断深化干部人事制度改革，推动了国家公务员制度的改革和创新，同时也为新时代服务型政府人力资源绩效管理提供了新思路新方向。2013年8月，中共中央发布了《中共中央关于废止和宣布失效一批党内法规和规范性文件的决定》，宣布300件党内法规和规范性文件废止和失效，42件做出修改。中国共产党第十八次全国代表大会报告明确提出：“完善干部考核评价机制，促进领导干部树立正确政绩观。”中国共产党第十八届中央委员会第三次全体会议通过的《中共中央关于全面深化改革若干重大问题的决定》进一步指出：

“纠正单纯以经济增长速度评定政绩的偏向，加大资源消耗、环境损害、生态效益、产能过剩、科技创新、安全生产、新增债务等指标的权重，更加重视劳动就业、居民收入、社会保障、人民健康状况。”2014 年，中共中央组织部、人力资源和社会保障部、国家公务员局联合下发了《关于深入开展公务员平时考核试点工作的通知》，一些地方和部门按照《中华人民共和国公务员法》《干部任用条例》《公务员考核规定（试行）》等的相关要求开展了平时考核试点工作，取得了初步成效。同年，新修订的《党政领导干部选拔任用工作条例》突破了传统政绩考核思路，实现了党政领导干部问责机制的创新。2015 年 1 月出台的《关于县以下机关建立公务员职务与职级并行的意见》促进了公务员激励机制的优化。2015 年 7 月，又通过了《环境保护督察方案（试行）》《生态环境监测网络建设方案》《开展领导干部自然资源资产离任审计试点方案》《党政领导干部生态环境损害责任追究办法（试行）》，严格落实了环境保护主体责任，完善了领导干部目标责任考核制度，追究了领导责任和监管责任。2016 年 5 月，中共中央印发了《关于深化人才发展体制机制改革的意见》，提出了创新人才评价机制，着重强调了改进人才评价考核方式，加快建立了科学化、社会化、市场化的人才评价制度，以及突出了品德、能力和业绩评价，坚持德才兼备，注重凭能力、实绩和贡献评价人才。中国共产党第十九次全国代表大会报告针对干部考核工作又提出了一系列新要求，“坚持严管和厚爱相结合、激励和约束并重，完善干部考核评价机制，建立激励机制和容错纠错机制”。

综上所述，随着我国进入中国特色社会主义新时代，服务型政府人力资源绩效管理发生了深刻的变革。人才评价考核方式实现了民主化、科学化发展，从传统的一次性考核转变为平时考核和定期考核相结合；人才评价考核内容更有具体性和综合性，从传统的“德、能、勤、绩、廉”五个定性方面考核转变为定量与定性相结合；考核主体实现了范围扩大、层次细化，从传统的主要领导、中层领导为主扩大到针对“一把手”、副职干部、中层干部、普通办事员等不同层次的对象，实现了服务型政府人力资源绩效管理的科学化、社会化和市场化发展。

第二节　人力资源绩效管理模式现状及问题

一、人力资源绩效管理模式类别

20 世纪 90 年代以来，理论界开始大量介绍西方国家政府人力资源绩效管理经验，我国部分地方政府开始借鉴西方国家政府人力资源绩效管理理论，并结合地方实际情况，不断探索政府人力资源绩效管理形式，变革政府人力资源绩效管理模式，并形成了各具特色的政府人力资源绩效管理模式，如“青岛模式”“深圳模式”“甘肃模式”等。概括而言，当前政府人力资源绩效管理模式的类别主要有以下三大类。

（一）自上而下的行为目标模式

该模式以自上而下的人力资源绩效评价方式为主，促使政府内部组织人员将上级的绩效评价指标、政府管理的绩效目标和绩效成果作为人力资源绩效管理的主要依据，其具体形式大致可分为以下四类。第一类是普适性的政府人力资源绩效管理。其特征是主要在政府组织内部进行，并以政府人力资源绩效评价作为特定管理机制中的关键环节。通常表现为目标责任制、社会服务承诺制、效能监察、效能建设、干部实绩考核等评价形式。第二类是行业人力资源绩效管理。其特征在于具有自上而下的单向性。通过由政府主管部门设立人力资源绩效评价指标体系，组织对所属企事业单位进行人力资源绩效的定期评价，如公安部在全国公安系统内推出的绩效评价标准、卫生部为医院设立的绩效评价体系、教育部为各级各类学校设立的绩效评价体系等。第三类是专项人力资源绩效管理。其具有一定的针对性和阶段性，主要针对某一阶段的专项活动或者政府工作的某一方面而展开，如北京市的国家机关网站政务公开检查评议、山西运城的“办公室机关工作效率标准”、江苏省纪律检查委员会的“应用指标分析方法对反腐败五年目标实现程度的测评”等。第四类是以公务员考核制度为主的人力资源绩效管理（王义，2007）。自 20 世纪 80 年代以来，我国不断完善公务员考核制度，确立了“德、能、勤、绩、廉”五方面具体考核内容，并将考核结果作为政府内部组织人员选拔任用、升降奖惩的重要依据，因而其具有强烈的人力资源绩效管理导向性，但由于难以对其绩效评价指标进行科学量化，所以其缺乏一定的实际操作性。

（二）自下而上的有组织的公众参与模式

自下而上的有组织的公众参与模式，是一种以“公众参与导向”为特征的政府人力资源绩效管理模式，主要包括公众评议机关或政府内部组织的行风评议等，其实质是充分发挥公众的民主参与权利，将政府工作与政府内部组织人员的绩效管理置于公众监督之下。该模式下的公众评议作为一种新兴的监督形式，开创了自下而上开展政府人力资源绩效评价的先河，既是自上而下政府人力资源绩效管理行为目标模式的有益补充，也是测量公众对政府人力资源绩效管理满意程度的有效手段。

（三）特定意义上的独立第三方介入模式

特定意义上的独立第三方介入模式，主要是指由外部独立的第三方学术机构介入，在某种程度上从政府内部组织成员个体和部门的工作结果来判定其价值，从而克服政府人力资源绩效管理易受其行政目的、绩效目标影响的局限性。2000年，我国设立了第一个由学术机构对政府进行评价的奖项，即“中国地方政府创新奖”；2003年8月2日，我国首家对政府改革与创新进行独立评价与咨询的学术机构，即“中国政府创新研究中心”正式成立，标志着外部独立第三方介入评价政府人力资源绩效管理的思想在我国已经产生并逐渐发展，2004年的“甘肃模式”成为我国地方政府人力资源绩效管理中第三方评价政府人力资源绩效管理的开端。该模式下的政府人力资源绩效评价主体由政府转变为外部独立的第三方学术机构，并以制度化、组织化的形式参与政府人力资源绩效评价，改变了自上而下的政府内部组织实施状况，形成了一种新的政府人力资源绩效评价力量，对于提高政府人力资源绩效管理的公众参与度、实现政府人力资源绩效管理的个体性价值具有一定作用。

二、当前模式的问题

我国部分地方政府借鉴了国际先进政府人力资源绩效管理理论，根据自身实际情况，进行了较为全面、深入的政府人力资源绩效管理实践探索，对促进服务型政府人力资源绩效管理模式改革具有积极作用；然而，由于受我国长期以来所形成的传统政治文化和行政管理体制的影响，当前政府人力资源绩效管理模式在实践应用中仍存在着诸多问题。

（一）目标设计不尽合理，难以进行科学量化

政府人力资源绩效管理作为整个政府绩效管理的重要组成部分，其绩效管理目标的制定与设计必须以政府绩效管理目标为主要依据，并在此基础上，实现政府人力资源个体价值与政府组织整体利益的高度统一。从某种意义上来说，政府人力资源绩效管理目标主要包括两个方面：一是政府人力资源绩效目标的达成；二是政府部门工作人员的个体价值需要得到提升与实现。但是，目前常用的政府人力资源绩效管理模式过于以政府的工作绩效目标为单一的核心考核标准，在很大程度上没有涉及工作人员个体在政府部门的行政工作和公共服务，所具备的个体内在潜能未被充分开发，特别

是其个体价值未能被客观实现，从而造成了服务型政府人力资源绩效管理的困境。

1. 个体价值提升与绩效考核的困境

经济和社会领域各方面的考核要求，使得政府部门人力资源绩效管理目标的设计呈现出过度关注岗位所承载的工作结果，造成了单纯的以结果为评价目标的不合理性。这就使得政府人力资源管理者和部门领导对人力资源绩效管理目标认识模糊，很难实现人力资源个体的自身工作能力提升和个体价值发展。不从绩效管理的目标出发来进行科学规划，其结果就是阻碍了政府人力资源个体价值的充分实现。另外，政府工作人员[①]个体是整个政府组织中的个体，而政府部门是由各组织人员个体形式所构成的集合体，因而政府部门工作人员的个体绩效构成并影响着政府组织的整体绩效。所以，政府内部组织人员个体价值实现的需要与政府组织绩效管理目标应保持高度一致，以个体价值的发挥和实现为载体，实现政府部门整体绩效目标的实现。

2. 评价指标体系与实施的困境

政府部门人力资源绩效管理目标的不明确性造成了目前政府人力资源绩效评价指标体系存在一定的模糊性和复杂性，特别是对于“德”“廉”等难以直接量化的主观抽象性评价指标的设计，基本上只能靠事后评价，使得人力资源绩效评价结果没有真实性。例如，对于政府部门中贪腐的工作人员，其“德”与“廉”的评价，在没有出事前，都是合格，甚至是优秀，但是其贪腐事发后，却证明了这些考核指标的失真性，以及其较低的可操作性。这就严重地影响了政府人力资源绩效管理的科学性。

（二）过于强调外部性管理，忽略“内生式”管理

政府人力资源绩效管理过程的有效运行，是实现行政行为高效和行政效益高效的关键因素，是开发政府内部组织人员个体内在潜能的重要条件，是达到政府绩效管理目标与人力资源个体价值高度统一的切实保障。目前的政府人力资源绩效管理模式，是基于政府行政行为产出和政府行政的实现为目标，更多地关注于政府行政行为结果与政府行政目标的一致性，但是对于政府人力资源个体和群体的“内生式”管理基本上是没有涉及的，这就使得政府部门中的人力资源内在潜能缺乏被开发的机会，造成了工作

① 政府工作人员是指在各级政府职能部门内，从事各类工作的人员，包括各种外聘、临时聘用人员等，较政府公务人员的概念更加广泛。

人员在工作中缺乏积极性和创造性。这一结果必然会造成政府部门人力资源没有得到可持续开发，并最终使得政府部门难以高效运作。

1. 重视成本与物化成果，忽视人力资本的投入

目前，政府人力资源绩效管理是以成本理念和物本理念为基础的，和早期的企业人力资源管理相似，将人力资源作为一种需要投入的消耗类和非资本类的成本要素，还没有梳理人力资本理念，更没有从人力资本的理论角度来思考。很多政府部门的人力资源管理者认为，人力资源个体只是履行相关工作职责的载体，重视其当前所具备的素质、技能和能力，但是没有认识到人力资源是一种可持续开发和使用的资本资源，其是具有高回报率和收益率的（吴新文，2004），这就造成了人力资源管理者忽视了人力资源内在潜能的开发性和高倍增值的可能性。

2. 重视被动执行力，忽视个体成长和发展

目前，政府人力资源绩效管理模式是以执行式管理方式为主的（吴新文，2004），十分强调对政府部门工作人员的管理，强调其对上级所布置的工作任务要有较强的执行能力。这种要求会造成人力资源管理者忽视其被管理者内在需求和个体发展，造成事实上的对被管理者没有充分尊重和有效绩效沟通的现实，最终使得人力资源管理者对服务型政府建设和人力资源队伍开发与管理无法做出有效的战略规划及战略决策，以及出现人力资源浪费现象。这种被动执行决策着眼于阶段工作的外部性政府人力资源绩效管理模式，因其不能满足人力资源内在潜能开发和个体价值实现的现实需求，而必将使服务型政府的行政效率、效果和社会效益受损。

（三）绩效评价体系存在各类问题

政府人力资源绩效评价并不完全等同于政府人力资源绩效管理，且其又在评价对象、评价功能、评价指标上与政府绩效评价相区别开来（卓越，2006）。随着我国行政管理体制改革的不断深入，我国一些地方政府在政府人力资源绩效管理模式改革方面做了积极的实践探索，并开展了多种形式的绩效评价活动，对于完善政府人力资源绩效评价体系具有重要意义。然而，由于我国政府人力资源绩效管理起步较晚，绩效评价尚处于初步探索阶段，且各地方政府发展具有一定的不平衡性，所以，就整体状况而言，当前政府人力资源绩效评价存在着诸多问题，绩效评价体系亟待完善。

1. 评价主体单一，缺乏多元评价体系

当前，我国政府人力资源绩效评价多以政府内部考核为主，主要采用目标责任制考核、组织考察和工作检查等评价方式，这些评价方式虽在传

统管制型政府人力资源绩效管理模式下发挥了一定的积极作用，但其难以适应社会主义市场经济体制、民主政治和法制行政的不断发展，在实质上仍然是一种政府内部自上而下的单向评价方式，评价主体以政府部门自身和上级机关为主，社会公众、专业评估机构、社会组织及大众媒体等外部参与和监督不足。然而，政府人力资源绩效评价活动的动态发展性和绩效评价结果的客观公正性又对评价主体多元化提出了现实需求：一方面，政府人力资源绩效评价是应用于不同领域、不同层次、不同性质的政府部门成员的个体绩效评价，其评价内容和侧重点各有不同，且评价活动本身服务于不同的评价目的，并具有一定的动态发展性，因而加大社会公众等外部独立评价主体对政府人力资源绩效评价的参与力度，既有利于提高政府部门成员的个体绩效，也符合社会民主化的时代趋势；另一方面，政府内部自上而下的单向评价方式，往往由政府部门自身或其上级机关对其评价内容和评价方法加以控制，同时，评价主体单一，评价主体和评价对象又处于同一政府部门体系之内，评价活动缺乏外部独立性，易造成评价结果失真，使其缺乏客观公正性。

2. 评价内容僵化，缺乏多维度评价指标体系

由于个体绩效受个人能力、工作表现和组织支持等多方面因素影响，所以在政府人力资源绩效评价中，应主要围绕政府部门成员个体的工作能力、工作表现、工作实绩等三个方面进行评价指标体系设计，并对其加以评价（卓越，2006）。但是，目前政府人力资源绩效评价在评价内容上还没有构建起科学合理的多维度、多角度评价指标体系：一是重视评价内容与评价结果的吻合度，忽视评价过程的科学性和合理性，造成实际上“为评价而评价”的局面，且评价结果更多地用于对评价对象的惩罚，缺少对评价对象的个体激励功能；二是在评价实践过程中，由于政府部门成员的工作实绩受多方面因素影响，且其呈现方式存在着显性和隐性之分，所以对于其具体评价指标较难设计，尤其对其部分主观抽象性因素难以进行科学量化，从而使得人力资源绩效评价活动易流于形式；三是评价内容不尽合理，评价指标体系设计不够科学，由于地方政府的不同地域、同一地方政府的不同部门、同一部门的不同职位的差异性，所以评价内容及评价指标体系设计在各具特色的同时，必须具有一定的灵活性和稳定性。因此，在尽量克服用评价指标体系中的某个或某几个评价指标来衡量政府部门成员工作实绩整体绩效水平这一局限性的同时，应突出评价重点，建立科学合理的多维度人力资源绩效评价指标体系，从而形成有效的逻辑体系，以促进政府人力资源绩效的循环提升。

3. 评价方法与技术缺陷，成本过高

人力资源绩效管理评价技术和方法的科学性与先进性是政府人力资源绩效管理评价的技术保障。但是，当前我国政府人力资源绩效管理评价在技术系统的研究和实践方面，都还存在着一些问题，如完全照搬企业等营利组织的人力资源绩效管理评价技术和方法、直接套用西方国家的政府人力资源绩效管理评价的技术和方法；再如，比较重视定性评价，而少用定量评价，从而造成重主观判断且缺乏数据支持，或者盲目刻意追求量化评价，僵化地把一些定性的事务生搬硬套地给予赋值等问题，造成了评价程序的烦琐、评价成本过高、评价结果有失公正等一系列评价难题。此外，在评价技术手段上，一方面，由于当前政府人力资源绩效评价中的信息技术运用比例较低，数据收集整理手段和统计分析技术较为落后，所以较难保证评价数据的准确性和科学性；另一方面，由于现代统计信息更新的快速性和多变性，对引进电子计算机技术和各种统计分析手段以提高评价结果的可信度与有效度提出了客观要求。

4. 评价结果运用不足，阻碍绩效循环提升

如何科学看待并合理使用评价结果是有效发挥政府人力资源绩效评价激励功能的重要环节，因而忽视政府人力资源绩效评价活动，将其评价结果束之高阁，只能使政府人力资源绩效评价活动流于形式，而缺乏其应有的实践价值。由于我国正处于政府人力资源绩效评价的初步探索阶段，各地方政府在人力资源绩效管理过程中对绩效评价结果运用不足，主要表现在以下两个方面。一是在人力资源绩效评价结果与政府工作人员的晋升、薪酬及任用等方面，没有建立真正有效和具有可操作性的工作机制。特别是在服务型政府中人力资源的培训开发机制、解雇和薪酬福利等模块中，很多的政策还只是停留在文件之中，在现实中没有实施机制（方振邦，2003）。这就造成了政府部门工作人员缺乏提高其工作绩效的内在动力，并连带影响了政府人力资源绩效管理系统中整体组织绩效的循环提升。二是绩效评价结果并未真正用于政府部门工作人员的培训开发和个体发展的绩效改进计划，即政府部门成员通过绩效评价结果肯定自身优势、了解自身缺点，并以提高个体绩效和实现个体价值为导向，在人力资源绩效管理者的帮助下进行绩效改进，制订出科学合理的个人发展计划，从而使得政府部门成员始终处于较为固化的工作岗位和工作职责之中，阻碍其工作能力的不断提高和内在潜能的有效开发，进而影响其个体价值的充分实现。因此，评价结果运用不足，易导致绩效评价难以在后续人力资源绩效管理

中发挥积极作用，使得绩效评价活动流于形式，大大降低政府部门成员提高个体绩效的主动性和积极性，从而致使政府人力资源绩效循环提升受阻。

（四）业务流程不畅，绩效资源配置受阻

当前，政府虽然对业务流程进行了一系列实践探索，如大部制改革等，但在人力资源绩效资源的配置方面，仍存在着一些问题。

1. 人力资源配置不合理

主要表现为政府内部业务的日常管理人员和具体职能与业务的行政执行人员比例不合理，政府决策部门决策者学历较低，有老龄化倾向，而行政执行部门工作者学历较高、年轻化，易导致决策趋于保守，而实践失误风险较大，从而影响人力资源绩效管理中行政行为高效和行政效益高效的“双效”提升。

2. 业务流程运行不畅

由于业务流程的工作节点分布在不同部门，且政府人力资源绩效评价工作又是在业务运作流程之中加以展开的，这既不利于绩效评价结果的及时反馈和绩效管理的不断改进，又易产生各方对人力资源绩效管理评价结果的否认推脱、相互推诿等现象，会有政府部门的人才浪费现象产生，有碍于政府人力资源绩效管理的高效实现。

3. 资源配置与行政行为和活动脱节

当前，政府人力资源绩效管理中人力资源培训资金、物质资源的投入是以具体阶段性工作目标为导向的，所以容易导致政府的日常行政行为、一次性行政行为所耗费的成本较高，忽略了政府部门工作人员的素质和能力的提升，以及其个体价值的充分实现，影响了政府人力资源绩效管理中的个体绩效和组织绩效的“双效”价值提升。信息技术支持较为落后，信息系统不能有效运行。因为缺乏具有先进信息技术的信息平台，业务流程中各环节间的信息系统交流不畅，所以各环节的资金、物质资源使用系统均各自为一独立体，致使政府人力资源绩效管理信息难以实现高度集成，导致绩效资源管理不能及时更新和调配，从而影响政府人力资源绩效管理的绩效资源配置和整体绩效提升。

三、当前模式存在问题的原因

当前，政府人力资源绩效管理模式存在的问题是多种影响因素综合作用的结果，主要包括内部影响因素和外部影响因素：一方面，政府人力资源绩效管理机制不健全，导致绩效计划、绩效实施、绩效评价、绩效反馈构成的绩效管理流程运行受阻，从而引发一系列的绩效管理问题；另一方面，我国政府人力资源绩效管理处于改革的大环境之中，一定的政治-经济-文化环境系统会影响政府部门成员的工作质量和整个组织的目标价值，尤其是会影响其长期绩效价值。我们认为，社会环境在一定时期内具有相对稳定性，而政府绩效管理的实践活动过程是动态发展的，从政府人力资源绩效管理的内部影响因素着手对其现存问题的主要原因进行归纳分析，对于促进政府人力资源绩效管理模式改革意义更大。总体而言，当前政府人力资源绩效管理模式现存问题的原因主要包括以下四个方面。

（一）缺乏价值指标

服务型政府中人力资源绩效管理者需要正确地向下属阐述本职能部门的战略目标，明了自己如何创造价值，并使之被管理者认同。在这个基础上，人力资源管理者就可以通过建立人力资源绩效管理业务的逻辑关系，确定其各管理环节中人力资源的潜在价值驱动因素，准确选择具有可持续性的核心价值驱动因素，并对其进行排序以将其转化为价值指标。但是，当前政府部门的人力资源绩效管理者还难以实现对于价值驱动因素的科学认识和准确把握，这在现实中就造成了人力资源绩效管理目标模糊、指标设计不清晰，从而使其无法对被管理者的工作绩效进行客观评价和管理。

第一，缺乏价值导向的目标评价机制。由于人力资源管理者对价值驱动因素的来源无法识别，所以价值驱动因素缺乏，难以实现价值导向的目标评价机制。政府人力资源绩效管理的价值驱动因素主要来自可持续行政能力和投入人力资本的回报率：可持续行政能力是指各级政府部门成员在本职岗位上能够有效延续高绩效行政行为的能力；投入人力资本的回报率是指各级政府在对下属部门成员进行职业培训、教育等投入后，从下属部门成员的工作行为中获取基本行政效率和效益之外的，下属部门成员所具备的可持续发展的潜力大小。这两个指标是在政府人力资源绩效管理的业务层面，以价值为导向，运用价值树分析工具以选择核心价值驱动因素时所必须把握的标准方向。

第二，缺失价值指标体系。政府人力资源管理者对人力资源短期绩效影响因素和长期绩效影响因素没有明确的区分与设定，造成价值导向模糊，难以确定价值指标。只有在充分明确政府人力资源绩效管理的短期绩效影响因素和长期绩效影响因素的基础之上，并将政府人力资源绩效管理的价值驱动因素与之有机结合，才能有效保障价值指标的科学性和绩效决策的准确性，从而促进长期绩效管理工作的可持续发展。

（二）存在绩效管理误区，以至忽略工作载体

目前的政府人力资源绩效管理存在着忽略工作载体的误区，即对人的管理及工作实践活动的价值管理的忽略，主要体现在以下两个方面。

一是过分强调过程和结果的统一。过分强调过程性和结果性的高度统一，从而忽略了政府部门成员个体工作能力的内在提升。在政府人力资源绩效管理过程中，由于较多关注工作本身，过分强调绩效结果与绩效目标之间的一致性，所以陷入“为管理而管理”的误区，其管理工作纯粹以绩效目标为出发点，最终又落脚于绩效结果，忽略对其工作载体即人的管理，进而忽略了政府部门成员在绩效管理过程中其个体工作能力的内在提升。

二是过分注重内部控制。过分注重政府部门工作的内部控制，从而阻碍了政府部门成员个体价值的充分实现。由于当前政府人力资源绩效管理属于执行式管理，在管理过程中过分注重政府部门工作的内部控制，强调政府部门成员对于上级行政命令的执行度和服从度，缺乏管理者与政府部门成员间及政府部门成员与成员间的绩效沟通。同时，政府人力资源绩效本身作为一个不断变化发展的动态指标，其绩效行为不仅受政府部门内部影响因素的影响，还受到政府部门外部行政环境中各影响因素的影响，所以，过分注重政府部门工作的内部控制，而较少关注外部行政环境中绩效信息等变化因素对政府人力资源绩效行为的动态影响，忽视政府部门成员个体发展的内在需求，易压抑其主观能动性的最大发挥，阻碍其工作实践活动满足社会实际需要这一个体价值的充分实现。

（三）评价体系空洞乏力

政府人力资源绩效评价是政府人力资源绩效管理的重要组成部分，其对提高政府部门成员的工作积极性、挖掘其内在潜力、促进其个体发展等具有重要意义。目前，随着我国地方政府对于政府人力资源绩效管理的逐步重视和实践探索，政府人力资源绩效评价体系也日趋完善，然而，政府人力资源绩效评价标准不一，且主观性强，如在针对决策、咨询等非执行部门的工作活动时，难以对其进行定量分析；同时，政府部门的绩效目标和行政行为产出具有一定的复杂性，其绩效目标往往具有多重性或不明确性，而其行政行为产出对于绩效目标的完成程度也较难界定，因而又进一步导致评价标准不一，致使人力资源绩效评价体系空洞乏力，评价活动流于形式。

以什么标准对政府人力资源绩效管理进行评价是关键问题。第一，评

价的标准决定了评价指标体系的构建。因此，只有评价标准清晰和统一，才能制定出科学合理的评价指标体系，为政府部门公务人员指明行政行为和管理行为的期望方向；而评价标准不一致，则会导致评价内容模糊，致使评价体系空洞，从而影响政府人力资源绩效管理者对政府部门成员的个体绩效进行顺利评价。第二，在评价过程中，评价标准的明晰度影响着量化测评的难易度。评价标准越明确、越清晰，则评价指标体系设计越科学，其各具体指标的权重分配越合理，同时，在评价实施过程中，政府人力资源绩效管理者对于政府部门成员的个体绩效也越易实现量化测评；反之，评价标准不一，不仅会影响评价指标体系设计及其权重分配的科学合理性，致使评价活动无法开展，同时，即使人力资源绩效管理者勉强开展评价活动，其在评价活动中也会因评价标准主观性较强、定量标准少，而较难对政府部门成员的个体绩效进行量化测评，从而使得评价活动流于形式。第三，评价标准的客观性与量化性决定着评价结果的科学性和评价行为的有效性。由于当前政府人力资源绩效评价标准主观性较强、定量标准少，在绝大多数的人力资源绩效评价中，“优秀的名额一般是领导平衡各种关系的结果，而不称职的比例几乎为零”，所以难以客观反映政府部门成员的个体绩效水平，评价结果缺乏科学性；同时，若用以主观性较强、定量标准少的评价标准进行评价指标体系设计并开展绩效评价活动所获取的评价结果作为对政府部门成员的奖惩依据，则会引起政府部门内部的不满，评价行为缺乏有效性。

（四）反馈环节薄弱

人力资源管理业务流程再造是提升人力资源绩效管理水平和效果的基础。而管理业务流程再造的关键在于通过绩效反馈将绩效评价的结果有效运用于绩效计划的改进，从而通过绩效计划的改进实现对人力资源管理绩效资源的合理配置和管理业务流程的重新配置。

一方面，从政府人力资源绩效管理者角度而言，绝大多数人力资源绩效管理者将其管理过程看作绩效计划的实施到绩效目标的实现，将工作的重点放在静止不动的文件规定上，而忽视实际的管理流程运作，忽视组织结构内部成员的工作实际对整个业务流程的影响，忽视外部环境因素对组织业务流程的制约作用，不能及时将这些有效的信息资源反馈到上一级主管部门，导致绩效管理不能及时更新和调配，无法集中最优的人力资源实施绩效管理。

另一方面，从政府人力资源绩效管理的工作载体——政府公务人员角度而言，在组织既定的绩效计划和目标的前提下，通过个人努力完成组织分配的工作任务，从而实现各自的个体绩效是政府成员应尽的责任。但是，作为整个绩效管理流程中的一部分，其不应该只是组织进行绩效管理实现绩效目标的工具，而是推动绩效管理流程持续不断向前发展的主体力量，政府成员要对照绩效计划要求和绩效评价标准客观评价自己的绩效水平，并及时发现自己工作的不足，积极主动地向政府人力资源绩效管理者或者上级主管部门反映自己在工作过程中发现的新情况和新问题，及时有效地将有助于实现组织业务流程再造的好建议、好方法反馈给绩效管理者，从而实现组织运行目标始终与变化了的环境保持一致，保证组织业务流程的高效运作。然而，由于当前绩效管理理念存在误区，以及评价机制的不健全，政府人力资源绩效管理者没有按照科学绩效管理的理念建立一整套有效的信息反馈机制，对政府部门业务流程的信息交流与资源配置产生了重大消极影响；同时，政府部门成员整体素质不够高，忽视了自我反馈机制对于个体绩效实现与组织结构运行的积极作用。

以上两个方面的因素造成政府人力资源绩效管理反馈机制的不完善，其反馈环节异常薄弱，对整体业务流程再造产生了阻碍作用。

第三节　人力资源绩效管理改革的趋势判断

由于我国正从传统管制型政府逐渐转变为现代服务型政府，政府部门所处的内外行政环境也发生了重大变化，所以作为促进政府人力资源活力的现代服务型政府人力资源管理制度正经历着重大变革。而政府人力资源绩效管理作为政府人力资源管理的重要组成部分，在政府人力资源管理系统中居于核心地位，是政府部门成员提升自身工作能力和个体价值，从而提高组织竞争力的重要工具（孙柏瑛和祁光华，2004）。目前，世界各国政府根据国际先进人力资源管理理论，并结合自身政府人力资源绩效管理现状，都已形成各国独具特色的政府人力资源绩效管理模式，并坚持开放的改革取向，以切实保障政府人力资源的绩效提升和价值实现。

随着我国公务员制度的健全和完善，在将现代企业人力资源绩效管理理念逐步引入服务型政府人力资源管理制度中时，探讨如何调动政府部门成员积极性和主动性以提升其工作能力，如何挖掘政府部门成员内在潜力以确保其个体价值的充分实现，以及如何完善政府人力资源开发机制和管理机制以适应政府部门绩效管理与长远发展的需要，成为现代服务型政府人力资源管理制度下亟待解决的问题。因此，加快我国现代服务型政府人力资源绩效管理模式改革，并把握其发展趋势无疑具有重要意义。

一、人力资源绩效管理观动态化

变革绩效管理观，树立动态发展的人力资源绩效管理观。要建设专业技术类、行政执法类和外聘人员为主体的服务型政府人力资源队伍，就必须转变传统的人力资源绩效管理观念，注重服务型政府人力资源的成长与发展，树立动态发展的人力资源绩效管理观念。服务型政府人力资源绩效管理的核心固然是提升政府行政的效率和效益，但是这些都要依靠公务人员的个体能力和素质的全面提升。因此，服务型政府人力资源管理者要重在发现人力资源的发展区，不断将其潜在能力转化为现有能力，要将有效的人力资源绩效管理放置于队伍建设、管理和发展的前序，使服务型政府绩效和服务型政府人力资源绩效管理有机结合。

要实现这一变革，就必须转变人力资源管理者角色，提升人力资源绩效管理能力，使人力资源个体和群体在行政工作中获得上级主管的帮助与辅导，实现两者之间的互动合作，共同发现和分析问题，从而使人力资源个体和群体在行政工作中适时获取资源，独立地解决问题和完成任务。

二、人力资源绩效管理思维多维化

变革单项维度，树立多维度人力资源绩效管理思维。传统的政府人力资源绩效管理仅从管理者的角度和结果考核的单项角度来进行人力资源绩效管理。随着服务型政府的发展，政府人力资源绩效管理应该树立多维度导向的人力资源绩效管理思维。首先，实现从目标导向到过程管理的转变。传统的政府人力资源绩效评价单方面强调对部门和个人的行政工作目标的设置与分解，对于具体的行政过程缺少管理与评价。服务型政府的人力资源绩效管理当然还是要关注目标设置和分解，但是更应该强调人力资源绩效计划、辅导、评价、激励和反馈各环节全过程的管理与监控，特别是对于行政工作过程中的沟通、反馈、辅导和激励的管理。其次，实现从结果导向到发展导向的转变。传统的政府人力资源绩效管理更多关注的是部门和个人的工作任务与结果的完成水平，甚至简单地将结果或者完成任务的程度与年终考核评比相结合。服务型政府人力资源绩效管理要突破这种结果导向，就必须更加关注部门中各类人力资源在行政工作中的行为表现和投入程度，更加强调其个人成长和发展，这样才能有效地激发个体和群体的积极性，以获得期望的结果。最后，实现从单向评价到系统评价的转变。传统的政府人力资源绩效评价主要是组织部门、上级部门或者单位主管领导的单一评价，忽视了政府人力资源个体的行政工作生活的生态系统性特征。因此，服务型政府人力资源绩效管理要将个体发展的生态系统，从宏观、外观、中观及微观四大系统的角度，从上级、下级、同事、自我、服务对象、业务上下游等多层面来评价。

三、人力资源绩效管理主体多元化

变革单一主体，明确人力资源绩效管理主体的多元化。目前，对于政府人力资源绩效管理主体的认识存在一定的误区，传统观点认为，政府人力资源绩效管理是人力资源管理部门的职责，其原因有二：一是政府人力资源绩效管理是人力资源管理的重要组成部门，其管理应归于人力资源管理部门职责之中；二是从人力资源管理部门成员来看，其部门成员自身认为人力资源绩效管理属于自己的职责范围之内。同时，由于政府部门组织的庞杂性及各职能部门自身的复杂性等对政府人力资源绩效管理主体多元化提出了现实要求，所以还原人力资源绩效管理主体的真实性，实现管理主体的多元化，是服务型政府人力资源绩效管理模式改革的必然趋势。

服务型政府人力资源绩效管理模式改革下的人力资源绩效管理主体是以人力资源管理部门为组织者、各职能部门为管理者的管理主体多元化，即政府人力资源绩效管理是由人力资源管理部门和各职能部门共同参与，其管理责任是由人力资源管理部门绩效管理专职人员与各职能部门负责人共同承担，人力资源管理部门和各职能部门两者相互作用、相互支辅，并共同实现人力资源绩效管理的实践活动。具体而言，在政府人力资源绩效管理方面，人力资源管理部门的主要职责包括四个方面：一是创建人力资源绩效管理平台，为各职能部门开展人力资源绩效管理提供技术支持；二是进行人力资源绩效管理程序设计，把握人力资源绩效管理方向；三是合理制定人力资源绩效管理基本政策，确保人才选拔、任用等管理机制的有效运行；四是监督各职能部门绩效管理的执行过程，接受各职能部门的绩效反馈，并依据绩效评价结果进行绩效改进，而各职能部门作为政府人力资源绩效管理的管理者，则是人力资源绩效管理实践活动开展的执行者和实践者。总之，只有将人力资源管理部门的宏观把握与各职能部门对人力资源绩效管理的微观操作两者有机结合，才能确保人力资源绩效管理实践活动的顺利开展，从而促进服务型政府人力资源绩效管理模式的有效运行。

四、人力资源绩效管理内容科学化

完善管理内容，实现人力资源绩效管理内容科学化。服务型政府人力资源绩效管理的内容日趋科学化，而内容的科学化正在于以对服务型政府人力资源绩效管理本质的“新认识”为基础，坚持需求导向和价值管理，构建科学合理的人力资源绩效管理内容体系。对政府人力资源绩效管理本质的“新认识”，是指应充分认识到服务型政府人力资源绩效管理不只是对政府部门成员个体履行行政职能、完成行政目标情况进行简单统计分析的活动过程，其在本质上应是通过绩效管理来激励政府部门成员个体进行价值创造，并充分实现个体价值的价值管理过程；而人力资源绩效管理者的重要职责则是各政府部门成员核心能力的不断提升和个体价值的全部实现。

此外，政府工作人员作为政府公共服务的最终提供者，坚持何种价值理念，能否较好地履行行政职能、完成行政目标，会直接关系到社会公众的切身利益，因而在服务型政府部门成员的选拔、培训开发、评价等管理过程中，应分别坚持以价值观、个体发展需要、公众需求和社会满意度为导向。首先，在服务型政府部门成员的选拔过程中，除制订科学的招聘计划和制定严格的招聘程序外，应坚持以价值观为导向，对招聘活动整体进行以服务型政府部门价值观为基础的控制和评价，换言之，是否具有政府部门价值观是新进政府部门成员能否完成政府工作适应过程的主要影响因素。其次，在人力资源的培训开发过程中，应坚持以政府部门成员的个体发展需要为导向。服务型政府人力资源绩效管理作为一种对政府部门成员的价值管理过程，在管理过程之中应充分考虑政府部门成员的个体发展需要，注重挖掘其内在潜能、提升其核心能力，从而激励其进行价值创造，进而实现其个体价值。最后，在服务型政府人力资源绩效评价中，应坚持以公众需求和社会满意度为导向。满足公众需求，提高社会满意度是评价服务型政府人力资源绩效管理水平的重要标准，因而，建立以公众需求和社会满意度为导向的服务型政府人力资源绩效评价体系，既是完善政府人力资源绩效管理内容体系的客观需要，也是促进服务型政府人力资源绩效模式改革的必然要求。

五、“互联网+绩效管理”模式常态化

创新管理技术，实现“互联网+绩效管理”模式常态化。随着云计算、智慧科技、移动终端和物联网技术及应用的大规模普及与推广，我国政府

正在加快推进“互联网+政务”建设，致力于构建基于互联网的一体化政务服务体系，实现信息的互联互通和业务的协同共享。在我国积极推行“互联网+政务”创新模式的背景之下，“互联网+绩效管理”模式的常态化将成为公共部门人力资源绩效管理的必然趋势。

“互联网+绩效管理”模式就是指利用互联网平台和信息通信技术，把服务型政府建设过程中的人力资源管理绩效计划、绩效实施、绩效考核、绩效反馈、绩效结果运用等环节与互联网相联结与融合，营造公共部门人力资源绩效管理领域的新生态。不同于传统管制型政府人力资源绩效管理手段和方式，构建新时代中国特色社会主义公共部门人力资源绩效管理主要通过以下三种途径。首先，以互联网为平台，以大数据为支撑，构建系统科学的人员绩效管理体系。公共部门绩效管理制度的基本框架应由组织目标、制度规范、执行落实、衡量评估、教育内化等五个要素组成，分别对应绩效计划、绩效管理、绩效评价、绩效反馈、绩效提升等五个环节。在各要素和环节上充分运用大数据的海量信息资源与数据分析技术，明确绩效管理目标，落实岗位职责，构建绩效责任体系，健全绩效运行机制，完善绩效评估指标，促进绩效整体提升。其次，以人员绩效数据信息更新为基础，加快构建个人绩效与部门绩效的互动关联系统。基础数据、动态数据、立体分析数据是人力资源绩效管理数据的核心。在大数据背景下，不仅可以通过海量数据全面、细致地搜集和分析公共部门人员的基本情况、动态情况及质量情况，测算个人绩效和组织绩效间的关联度，还可以通过个人绩效和组织绩效的互动关联系统明晰个人的职责与责任。最后，采用多样、灵活、系统的人员绩效考评办法。传统的公共部门人力资源绩效考核以“德、能、勤、绩、廉”为考核内容，既笼统，又难以量化，难以发挥绩效考核的真正实效。在“互联网+”背景下，大数据为合成考评法、图解式评价量表法、评价中心法、360°绩效考评法等系统型考评方法提供了技术基础，实现了绩效管理考评的科学性和综合性的有效提升。

六、第三方绩效管理评估科学化

重视管理评估，实现第三方绩效管理评估科学化。评估是绩效管理的关键环节，第三方评估是政府绩效管理的重要形式。通常包括独立第三方评估和委托第三方评估。第三方评估作为一种必要而有效的外部制衡机制，弥补了传统的政府自我评估的缺陷，在促进服务型政府建设方面发挥了不可替代的促进作用。我国传统管制型政府中绩效考评通常由本组织内部计划并实施，属于一个组织内部的闭环管理系统，通常被视为一种行政管理手段或工具。而新时代服务型政府公共部门人力资源绩效管理将更加注重第三方绩效管理评估，这有利于提高绩效管理的科学化水平。

中国共产党第十八次全国代表大会以来，政府部门持续重视绩效评估工作，积极开展了多样化、多主体、多形式的评估实践，包括政府绩效评估、政策评估、政府购买服务的评估、社会组织评估等。2013 年 9 月，国务院首次引入第三方评估；2014 年，国务院在派出八个督察组分赴各地各部门进行全面督查的同时，委托四家机构开展第三方评估；2015 年 8 月 26 日召开的国务院常务会议再次听取了关于中小微企业发展、简政放权、社会创新创业等方面的专项第三方评估报告。近年来，我国陆续出台了政府部门绩效评估的政策文件，推进了评估工作的程序化、制度化和规范化。2016 年 2 月 17 日印发公布的《关于全面推进政务公开工作的意见》指出，建立健全重大决策跟踪反馈和评估制度，注重运用第三方评估、专业机构鉴定、社情民意调查等多种方式，科学评价政策落实效果，增强结果公开的可信度，以工作实绩取信于民。由此可见，我国政府如此密集地开展政府绩效第三方评估，既体现出政府创新管理的改革决心，也预示着新时代第三方绩效管理评估必将成为服务型政府推进治理体系和治理能力现代化的重要手段。

第三章
服务型政府中人力资源绩效管理模式系统构建

服务型政府中人力资源绩效管理模式是一个系统性很强的建设工作，这一系统由人力资源绩效管理的目标系统、比较系统、测量系统和反馈系统四大系统组成，这四个子系统分别实现人力资源绩效管理的绩效价值目标的判定、绩效管理要素的修正、绩效评价内容的测评和绩效管理实施的沟通。在这一系统的基础上，服务型政府中人力资源绩效评价指标体系从行为高效、效益高效和“双效”整合的角度，构建成果性指标体系、行为性指标体系和积累性指标体系。在服务型政府人力资源绩效评价技术体系的构建中，要以价值管理为基础，构建基于价值实现的资本评价技术，基于价值资本的知识和技能结果的评价技术，以及基于价值发挥的后设评价技术；在服务型政府人力资源绩效协同管理机制中，构建协同决策模式和协同信息平台。

第一节　人力资源绩效管理模式系统的结构

在新时期下，服务型政府的人力资源绩效管理模式运行系统框架应当是由绩效的目标系统、比较系统、测量系统和反馈系统等四大系统组成的，以实施绩效评价为中心环节，贯穿于政府人力资源绩效管理活动过程的始终。区别于传统的管制型政府的以绩效目标为导向的静态人力资源绩效管理模式，服务型政府的人力资源模式应当是一种基于价值管理理论的动态管理模式。这一模式是以服务型政府人力资源绩效管理目标系统、服务型政府人力资源绩效管理比较系统、服务型政府人力资源绩效管理测量系统、服务型政府人力资源绩效管理反馈系统等四大系统为支撑的，四个系统之间相互联系，相互依存，实现对模式内部各构成要素的有机整合，如图 3-1 所示。因此，在建设这一新型模式的过程中，要着眼于行政效益高效与行政行为高效的“双效”目标的整合，从政府内部人力资源管理出发，对绩效管理模式进行动态的、系统的设计，走“内生式”、动态化的发展道路，使政府可持续行政能力不断得以提升，使人力资本回报率不断得到提高。

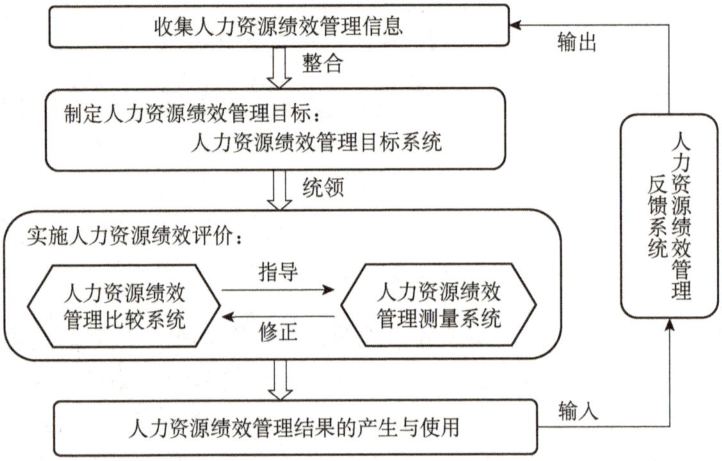

图 3-1　服务型政府人力资源绩效管理模式系统框架图

服务型政府人力资源绩效管理是一个动态优化的过程，由收集绩效管理信息、确定绩效管理目标、实施绩效管理评价、得出绩效管理结果等四个基本环节构成，并在管理的过程中，通过服务型政府人力资源绩效管理的目标系统、比较系统、测量系统和反馈系统等四个系统进行有效的衔接。因此，在进行服务型政府人力资源绩效管理模式的改革与创新时，必须要善于结合绩效管理的各个环节，在各个系统的具体构建上实现对政府公务人员的价值管理，进而为模式的运行与落实提供强有力的保障。

一、目标系统的作用与建设要求

（一）目标系统的作用

目标是活动的出发点与终结点，对整个活动起到提纲挈领的作用，只有在明确了服务型政府人力资源绩效管理的目标之后，才能对目标进行分解与落实，才能在目标的指引下开展具体的工作。对服务型政府人力资源绩效管理模式进行创新时，要充分考虑各地实际情况的差异与区别，科学分析与充分把握各地区的基本情况与发展规划，在此基础上有效辨别各种与改革相关的有效信息，对信息进行过滤、筛选与甄别，发现有利于推行人力资源绩效管理的相关信息，结合服务型政府人力资源管理活动各环节的具体运行情况，对改革目标进行系统分析与设计，明确改革的目标与核心要点。做到既要从整体上把握服务型政府人力资源绩效管理模式改革的总目标，又要注重实现政府在人力资源绩效管理活动各环节的具体目标，如图 3-2 所示，实现目标设置的系统性与层次性的有机统一，将总目标与改革的具体目标统一到政府人力资源管理活动中来，更好地推行服务型政府人力资源绩效管理模式的创新。

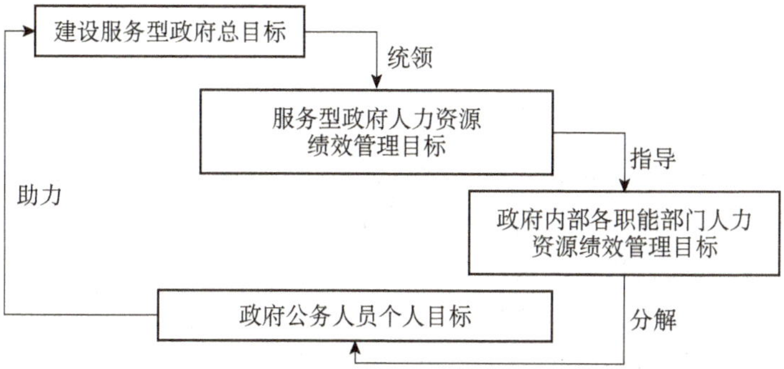

图 3-2 服务型政府人力资源绩效管理目标系统图

（二）目标系统建设的要求

1. 加强宏观把握

要结合各地区战略发展规划的具体要求，在研究战略发展目标的基础上，对建设服务型政府的总要求进行宏观把握，确定服务型政府人力资源绩效管理模式改革的总目标是促进政府行政效益高效和行政行为高效的“双效”目标的有效整合，通过提升政府可持续的行政能力和人力资本的投入回报率来推进服务型政府的构建。

2. 结合工作特点与要求

作为政府的有机组成部分，服务型政府内部的各级部门管理者要结合本部门的工作特点与要求，在人力资源绩效管理活动开展的具体过程中制定基本的绩效管理目标。政府内部各职能部门管理者要在职位分析的基础上，将绩效管理目标细化为可以衡量公务人员价值创造活动的具体指标，通过实施绩效评价，推进绩效管理模式的有效落实，不断促进部门公务人员价值创造活动与部门核心能力的有效提升，为服务型政府的构建提供有效支撑。

3. 整合绩效管理总目标和具体目标

绩效评价作为绩效管理的核心内容与重点环节，在服务型政府人力资源绩效管理模式的改革中起着举足轻重的作用，因此，要注重将绩效管理总目标与绩效评价活动的具体目标进行有效的整合。这就要求政府内部人力资源管理部门在进行绩效评价活动时，在对总目标进行把握的基础上，结合各部门工作特点与具体要求，与政府各部门管理者相互协调、相互合作，建立一个切实可行、落实到人的目标体系，既注重实现政府公务人员个人价值的有效提升，激励政府公务人员的价值创造活动，提高服务型政府人力资源绩效管理的针对性与实效性，又注重政府“内功”的有效提升，在个人价值实现的基础上促进政府实现“内生式”的发展。

二、比较系统的含义和建设要求

（一）比较系统的含义

服务型政府人力资源绩效管理比较系统建立在服务型政府绩效管理目标系统的基础之上，它同时规定着测量系统的具体内容与基本要求。在进行服务型政府人力资源绩效管理模式改革的进程中，要有效依托这一系统，对绩效管理活动进行科学的分析与设计，指导和督促测量系统的良性运行，并善于及时地发现问题、解决问题，在比较分析的基础上及时对绩效管理目标系统进行修正与整合，如图 3-3 所示。

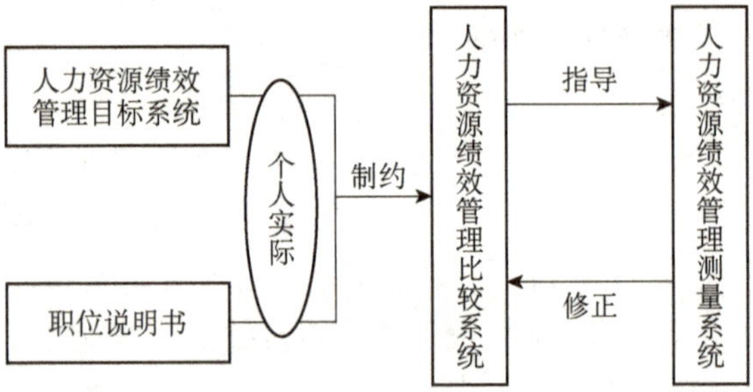

图 3-3　服务型政府人力资源绩效管理比较系统图

（二）比较系统建设的要求

构建服务型政府人力资源绩效管理比较系统要注意以下几个方面的问题。

1. 结合战略目标

要在建设服务型政府这个战略目标的指导下，结合本地或自身发展战略目标的具体要求，与人力资源绩效管理模式改革目标密切结合，在充分把握绩效管理各环节特点的基础上，对绩效管理比较系统进行设计与规划。

2. 比较系统和职位说明书相匹配

政府在进行服务型政府人力资源绩效管理模式改革时，要注重将绩效管理比较系统建立在职位说明书的基础上，善于结合各职位特点，对绩效管理活动实施的条件进行有效的分析与规定，要在科学选择绩效评价标准的基础上，充分调动政府公务人员价值创造的积极性，进而促进政府服务水平的持续提升。

3. 比较系统与公务人员的实际能力相吻合

要在充分了解与把握政府公务人员的能力与综合素质的基础上，结合公务人员所从事工作的具体内容与基本要求，对服务型政府绩效管理比较系统进行科学设置，以保障系统的可操作性。

三、测量系统的体系及构建

（一）测量系统的体系

自将人力资源绩效管理引入政府管理之后，在评价理论和方法上，学者和政府管理者通过借鉴与吸收西方发达国家的实践成果，并结合中国的现实，吸纳并改造了一些技术和工具，在人力资源绩效管理和绩效评价方面采用了多种技术与工具。具体来说主要包括：目标责任制、末位淘汰制、民主评议、作风评议、360 度评价、关键绩效指标法（key performance indicator，KPI）及平衡计分卡等多种技术和工具。在具体的适应过程中，注重评价技术和方法的定性、定量的有机结合，并通过计算机技术和统计技术的结合，对绩效评价的数据信息、评价工具及评价内容进行了创新性的整合，建立了相应的评价技术体系。

但是，根据相关文献和实践的分析可以发现，在技术的整合上还比较欠缺。特别是在实践中，人力资源绩效评价方法在使用中存在着一些误区：一是习惯于偏重于一类方法；二是由于技术的复杂性和繁琐性，习惯于选择简单、单一的技术和方法；三是将多种方法混杂在一起使用。

（二）构建测量系统

构建服务型政府人力资源绩效管理评价技术系统是一项重要而紧迫的任务。那么，应如何构建科学有效的政府人力资源绩效评价技术体系呢？本书认为，要以服务型政府人力资源管理业务流程优化及人力资源绩效管理系统的构建为主线，以执政为民为指导思想，以发挥服务型政府中每一个人力资源个体的价值并进行价值管理为理念，以现有的较为成熟的绩效评价技术和工具为基础，以厘清每一种评价技术、方法和工具的有效性、适用领域等基本特性为突破点，通过理论设计、实践验证，构建适合我国各级政府的人力资源绩效评价技术体系。

1. 提炼绩效评价技术体系

通过对具体政府部门所在区域和自身职能的研究，以及自上而下的纵向比较和同类、同领域的横向比较，总结和提炼具有部门特性的人力资源绩效评价技术体系。通过设计和实施人力资源绩效评价技术，在构建服务型政府人力资源绩效管理的改革中，发现问题，修正评价技术和方法，找出最适合本部门的评价技术组合，创新评价技术体系和管理机制，同时根据服务型政府建设进程中的需要，分析当前人力资源绩效评价技术和方法在使用中存在的制约因素与问题，提出具有强针对性的再造措施。

2. 结合定性与定量技术

由于服务型政府的公共服务和行政行为与企业的营利性特点具有本质的区别，所以，政府部门不能完全照搬适用于企业的定量评价技术和方法：一方面，对于政府人力资源绩效管理中不能量化的管理内容，要通过质化标准进行解释和定义，实现定性评价技术在一定程度上的科学性；另一方面，对于目前不能量化的政府人力资源绩效管理的内容，要结合多学科理论，深入探索能够代表其内涵的评价量表。也就是说，不能为了定量而僵化地定量，有的时候，科学的定性评价技术反而能够客观地反映出真实的管理绩效。一定要将现代科学技术中可以借用和改造的技术，如信息技术和统计方法，结合服务型政府人力资源绩效管理的实际，进行科学合理的简化和改造，在政府人力资源绩效评价的实践中进行探索，真正建立起科学合理、可操作性强的人力资源绩效评价技术体系。

四、反馈系统的含义、不足及构建要求

（一）反馈系统的含义

服务型政府人力资源绩效管理的反馈系统是在政府人力资源绩效管理过程中和管理周期结束后，将绩效管理的具体内容和评价的最终结果在多元的人力资源管理者、管理的组织者和管理对象之间进行交流、传递，并实现其对管理内容、结果的认同和共识的一个系统。反馈系统是传递管理信息的重要渠道，通过反馈系统实现人力资源管理者、管理组织者和管理对象之间的互动和合议，并就管理过程中的相关事项进行沟通，达成对管理活动的最终合议结果，对管理过程或管理结果的不一致进行商讨，探讨

管理活动中的成功与不足之处，最后实现对管理过程和管理结果的认同。因此，反馈系统在整个人力资源绩效管理过程中起着十分重要的作用，只有实现信息的充分交流与共享，实现管理过程、内容和结果的互动，才能达成对人力资源绩效管理的一致意见，增强人力资源绩效管理的公正性与合理性。

（二）反馈系统存在的不足

当前，政府人力资源绩效管理沟通系统的建设并不完善，在沟通系统的建设和实践中，还有诸多障碍需要我们去克服，这些沟通系统的障碍阻碍了人力资源绩效管理系统功能的发挥。具体来说，主要包括以下几个方面。第一，传统的人力资源管理体制对沟通的阻碍。这主要表现在我国政府人力资源绩效管理模式长期以来是集权式地自上而下进行。在这种模式中，上级部门和管理者是人力资源绩效管理信息的垄断者，下级部门或被管理对象只能够得到对其评价的结果，而无法清楚自己在整个绩效管理周期内的其他信息，忽视了自下而上的沟通和信息反馈。第二，传统的政府人力资源管理理念对沟通的阻碍。传统的政府人力资源绩效管理将具体的部门或个人的业绩绩效评价等同起来，只关注具体业务工作的结果，并将其简单地用于被管理者的奖惩或等级考核中，被管理者只是被动地接受管理结果，未过多关注人力资源管理的过程。第三，传统的政府人力资源绩效管理信息渠道的阻碍。传统的政府人力资源绩效管理的信息呈现出自上而下的单向传递，且仅在考核周期的结束环节传递考核结果，呈现出静态的状态。同时，上级管理部门和管理者只相信并依靠正式沟通，而不提倡在人力资源绩效管理过程中的非正式沟通。这些阻碍造成了传统的人力资源绩效管理沟通系统的僵化和失灵。

（三）构建畅通的双向沟通系统

要建立服务型政府人力资源绩效管理的沟通系统，就必须打破前文所述的障碍，在人力资源绩效管理周期的起点、各管理环节和绩效评价结果的各个阶段，构建起畅通的人力资源绩效管理双向沟通系统。

1. 目标制定阶段的沟通

政府人力资源绩效管理的目标制定是要确定部门内人力资源队伍建设的目标和人力资源管理要达到的标准与要求。这一绩效目标应该由人力资源管理部门、部门负责人和被管理者通过规范渠道的沟通而协商，从而达到目标认同，并形成管理契约的一个过程。在这个过程中，首先，人力资源管理的多元主体之间要达成一致，即人力资源管理部门和职能部门负责人之间要对绩效管理目标达成一致认同。其次，管理主体要向被管理者进行解释，特别是对服务型政府建设的战略规划、发展目标，以及本职能单位在其中承担的任务进行解释沟通。在此基础上，职能部门负责人要明确本部门必须进行的人力资源绩效管理内容及要达成的目标，并通过多种渠道将其传递给被管理者。最后，在沟通过程中，要在充分共享信息的基础上，充分听取被管理者对本部门的人力资源绩效管理目标的意见和建议，对合理的意见和建议进行吸收，协商制订本部门的人力资源绩效管理目标计划。

2. 目标执行阶段的沟通

政府部门在人力资源绩效管理的过程中，需要面对外部环境和内部条件的变化。因此，在目标执行的阶段，要根据内外环境和条件的变化，对内部人力资源的配置等管理工作进行动态变更，这就需要在人力资源管理部门、部门负责人和被管理者之间进行有效的沟通。通过沟通，解决以下问题：首先，根据变化对人力资源绩效管理目标进行调整，保证人力资源绩效管理工作的有效性；其次，对变化的人力资源绩效管理及人力资源配置等信息进行通报和交流，保证人力资源绩效管理工作的顺利开展；最后，将本部门的人力资源绩效管理信息向管理主体和被管理者公布，促进管理主体和被管理者之间的互相了解，并使所有成员及时了解人力资源绩效管理目标计划执行过程中，部门自身或被管理者本人存在的问题、困难、障碍，为及时解决问题，克服困难和排除障碍形成共识并提供帮助。

3. 评价阶段的沟通

在人力资源绩效管理周期的评价阶段，评价的组织者、评价者和管理主体之间要进行充分的沟通，以保证评价结果的准确性。这一阶段的沟通包括人力资源管理绩效评价组织者和政府职能部门之间的沟通、评价组织者和评价者之间的沟通、评价者和政府职能部门之间的沟通及评价者与职能部门工作成员之间沟通。通过沟通，使大家对人力资源绩效管理评价的指标体系达成共识，对评价中的具体安排达成一致，对评价中获取信息的方式方法达成认同，并最终及时准确获取评价信息，开展透明、公开、公平的评价，最终得出评价结果。

4. 反馈阶段的沟通

人力资源绩效管理评价的最终目的不是评优，而是通过评价提升人力资源绩效管理的水平。因此，及时将评价结果反馈给政府人力资源管理部门和职能部门负责人等管理主体与被管理者，并明确指出其在人力资源绩效管理中存在的问题和不足，以及造成的原因等评价信息，是政府人力资源绩效管理水平和效果提升的基础与前提。

通过人力资源绩效管理评价结果的沟通，使政府人力资源管理主体能够对自己的管理工作有一个科学、准确和客观的认识，并审视和分析评价中所反映出来的问题，与评价者共同分析造成问题的原因，制定下一个管理周期中的改进措施。同时，通过绩效评价结果的沟通，让基于评价结果的激励约束机制和奖惩制度在执行中有依有据。

第二节　人力资源绩效评价指标体系及其构成

一、理论分析

实施绩效管理是实现服务型政府人力资源管理效率与效益有效提升的战略目标的有效工具之一，也是服务型政府人力资源管理其他环节科学实施与运行的基本依据和基础。其中，完善服务型政府人力资源绩效内容及其指标体系的构建构成了服务型政府人力资源绩效管理模式改革的核心内容。因此，在进行服务型政府人力资源绩效管理模式改革的实践过程中，要从构建服务型政府的总目标出发，结合职位说明书，对人力资源绩效内容进行宏观的把握与分析，并在此基础上进行有机地整合与划分，制定科学的指标体系，有效推进绩效管理模式改革，促进政府公务人员个人积极进行价值创造活动，进而推动政府行政能力的持续提升，为服务型政府的构建提供良好的智力支撑与人才保障。

1. 绩效评价指标体系的含义

绩效评价指标是用于沟通和评价政府公务人员个人绩效的定量与定性的标准体系，是对政府人力资源绩效的量与质进行评价的准则和依据。绩效指标体系设置的科学、合理与否，直接关系到服务型政府内部政府公务人员个人价值创造活动的积极性，影响着政府内部人力资源绩效管理的效率与效益。同时，绩效评价指标体系的构建是建立在完善的绩效管理内容的基础之上的，以对绩效管理目标进行系统分解与重构为指导，以绩效管理比较系统为重要参照，结合职位说明书，综合构成了绩效管理测量系统的重要内容。通过设立绩效评价指标体系，对政府公务人员的个人绩效进行定性与定量的综合评价，使得对政府公务人员的评价有了客观的指标，有利于加强评价结果的客观性与科学性，也使得评价结果更有说服力，更易于被政府公务人员接受。

2. 绩效评价指标体系的任务及类型

科学设计服务型政府人力资源绩效评价指标体系，首要任务就是要完善服务型政府人力资源绩效内容。服务型政府人力资源绩效管理内容的完善建立在规范政府部门绩效管理流程的基础上，通过实现其与绩效管理目标系统、绩效管理比较系统的有机结合，在权衡多方利益的前提下进行，科学的绩效评价指标体系正是在对绩效内容进行分析、重构的基础上，系统、集中地展现政府公务人员的工作内容。服务型政府人力资源管理有不同的利益相关者，这些利益相关者的价值观及其对绩效产出的要求也不一致，因此他们对服务型政府人力资源管理的期望也不相同，根据利益相关者的不同期望和标准，结合政府公务员职位说明书，可以将服务型政府的人力资源绩效评价指标划分为三种一级指标：一是基于可见工作产出的成果性指标；二是基于组织氛围的行为性指标；三是基于未来绩效能力的积累性指标。三个指标之间相互作用，相互影响，共同构成服务型政府人力资源绩效评价指标的总框架。同时，各一级指标又可以根据各工作岗位进行细分，划分出各二级指标，结合工作内容对考核要素进行规定，通过对不同的指标体系及其子指标赋予不同的权重，结合特定的公式计算出政府公务员的绩效得分，并针对其在各部分的得分情况，给予相应的指导、激励或惩戒，以促进其绩效的提升，在实践过程中实现个人价值，促进政府服务水平的持续提升，如图 3-4 所示。

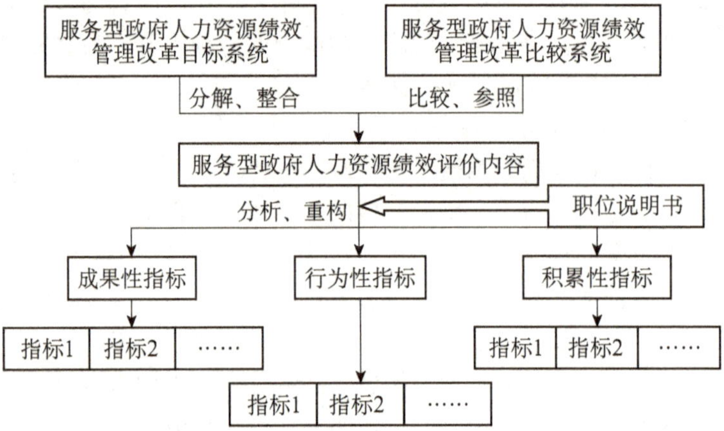

图 3-4　服务型政府人力资源绩效评价指标框架图

二、成果性指标体系

绩效评价的成果性指标，是建立在可见的工作产出的基础之上的。选择适当程度的成果性指标来评价服务型政府人力资源绩效，是提升政府人力资源的绩效管理水平，激发政府公务人员服务的积极性与创造性的必要手段。在进行服务型政府人力资源绩效管理模式改革的进程中，在选择成果性指标体系时，要善于结合职位说明书的具体要求，在系统分析、综合考虑绩效任务完成的质量、数量、成本、风险、时限等内容的基础上，根据对政府人力资源绩效评价的相关评价指标，将绩效评价的成果性指标体系划分为四类，即功能型指标、效率型指标、效益型指标和潜在型指标四种基本的二级指标，各二级指标又根据具体的工作内容在实践中被细化，共同规定与考量政府公务人员的绩效行为。

服务型政府人力资源绩效评价的成果指标体系可以分为四类：一是功能型指标，包括信息接收能力、信息分析能力、政策建议能力和政策解答能力；二是效率型指标，包括绩效行为的投入-产出比与公务员的办事效率；三是潜在型指标，包括效果的持久性和效果的价值性；四是效益型指标，包括可量化指标和不可量化指标。具体如表 3-1 所示。

表 3-1 服务型政府人力资源绩效评价的成果性指标

一级指标	二级指标及权重	三级指标	指标内容	计算方式
服务型政府人力资源绩效评价的成果性指标	功能型指标（40%）	信息接收能力	积极有效地搜集、听取社会公众的不同意见	指标内容根据实际情况进行五级打分制： A=90～100（优）； B=80～89（良）； C=70～79（中）； D=60～69（及格）； E=60 以下（差）
		信息分析能力	客观、公正的对社会公众的不同需求进行合理的定位与把握	
		政策建议能力	在科学分析的基础上，能够根据公众需求，提出相应的政策建议	
		政策解答能力	有效解答社会公众对相关政策的疑问，并能较好地处理社会公众在政策允许范围内的合理的社会需求	
	效率型指标（30%）	绩效行为的投入-产出比	人力资源管理的资金投入与产出是否达到最佳的配置比例，其行为是否符合能够有效促进服务型政府的构建	
		公务员的办事效率	能够在规定的时间内完成规定的工作任务或是在一定的时间内的绩效成果较大	
	潜在型指标（20%）	效果的持久性	工作所产生的效果能够在一定时期内得以保持，能够有效促进政府行政行为能力的持续提升	
		效果的价值性	绩效结果能够对在政府内部其他公务员产生一定的积极影响，同时能够有效推进服务型政府的建设	
	效益型指标（10%）	可量化指标	可以用钱财来衡量的物质性绩效结果	
		不可量化指标	无法用钱财得以衡量的行为性绩效结果，如政策建议、行为影响等	

1. 功能型指标

功能型指标是判断政府人力资源直接产出成果的重要指标之一，其评判标准主要体现在政府公务人员行为的产出成果能反映社会公众提出的需求，在尽可能地说明公众需要的基础上，分析需求的合理性与可操作性，更加准确地去理解需求、满足需求，不断提升公众满意度。具体而言，政府人力资源绩效评价的功能型指标的确认过程实际上是一个对社会群众的需求进行呈现的过程，是一个包括信息接收能力、信息分析能力、政策建议能力及政策解答能力在内的动态评价系统。

1）信息接收能力

由于社会公众对政府人力资源绩效管理的评价具有至关重要的作用，通过一系列的问题，可以从不同角度理解社会群众的需要，把握不同群体的利益诉求，进而在政府人力资源内部形成较为清晰的理念。因此，政府公务人员必须要积极地搜集和吸取社会公众对服务型政府建设相关的意见与建议，并将这一能力作为考核公务人员的一项基本指标确定下来。要善于把握和抓住社会公众对战略发展目标的部署实施状况等发展政策与建设目标实现情况的基本评价与利益诉求，并善于对各种评价信息进行吸取、筛选、分析、归纳与总结，尽可能明确多方利益需求，为服务型政府内部人力资源目标管理改革提供必要的信息支撑。

2）信息分析能力

这一能力主要考核政府公务人员对社会需求的判断与分析。由于社会群众在看待政府人力资源时大多缺乏专业的知识，所以，专业知识的有限性导致社会群众提出的需要大多是依靠在日常生活中积累的经验性表述，往往带有一定的随意性、自发性与片面性。这就要求政府内部公务人员能够在对政府发展规划进行宏观把握的基础上，科学分析各种信息，明辨各种利益关系，对各利益集团提出的需求进行全方位的分析，思考其需求“是否真实”“是否能够满足”“是否实际、可行”“满足之后会产生怎样的后果”“不能满足又会产生怎样的后果”“这类需求会有哪些相关影响产生”等，以便合理定位与判断公众的不同需求。

3）政策建议能力

政策建议能力主要考察的是政府公务人员能否在有效收集信息，对公众需求的合理性、科学性进行辨别的基础上，充分结合政府工作的实际，考虑建设服务型政府的战略发展需要，对相关的工作提出相应的政策建议。例如，建设服务型政府和法治政府，政府公务人员要充分领悟这一战略目标的重大意义，以提高政府的可持续行政行为能力为最终的落脚点与归宿点，对构建服务型政府和法治政府、提升政府的服务水平提出切实可行的政策建议。

4）政策解答能力

政策解答能力主要考量的是政府公务人员能够向社会公众阐述政策的基本内涵、实施的具体要求等一系列问题，并能够根据社会公众的反馈意见进一步对政策进行修改的能力。经过分析、综合后的公众需求与意志，最终将通过政策来得以体现，虽然政策在理论上更具科学性、系统性与针对性，但不一定能够与真实的社会公众需求实现无缝对接。因此，在进行服务型政府构建的过程中，一方面，政府公务人员不仅要具备向公众进行政策阐释的能力，以确保政策能够得到有效的贯彻落实；另一方面，政府公务人员还要具备接收社会公众反馈意见的能力，以便对政策进行动态的调试与修改，尽可能真实地反映社会公众的需求，有力促进服务型政府的构建。

2. 效率型指标

效率型指标是为了计算满足社会公众需求需要付出的代价而设定的。相对于其他类型的指标，效率型指标是较为容易量化的。就政府人力资源管理部门和职能部门而言，投入与产出是缺一不可的，而从投入到产出，又是需要在一定的时限内完成的。因此，在服务型政府人力资源绩效管理模式改革的过程中，要从以下两个方面实现对政府公务人员的绩效评价。一是绩效行为的投入-产出比，即一定的人力资源绩效管理投入所获得的绩效产出比例及产出的绩效行为对服务型政府构建的积极作用。投入的成本包括政府人力资源管理部门与职能部门工作人员的工资、处理政府相关项目和任务所消耗的资金、资产等；产出则倾向于解决了什么样的问题、为构建服务型政府起到了什么样的作用。二是对政府公务人员的办事效率进行评价，即评价其在一定时间内是否能有效地完成规定工作量，或者完成一定工作量是否耗费的时间最短。

3. 潜在型指标

从政府最本质的任务来讲，其最终目的在于维护国家的长治久安，这就意味着政府人力资源绩效管理效果在短期内无法表现出来，其影响是长远的，是要在一定时间之后才能呈现出来的，这一类型的指标，就是潜在型指标。潜在型指标考核政府人力资源绩效结果的潜在性，主要用来衡量政府人力资源绩效结果影响的持久性程度，是一种面向未来的指标，用以判断政府人力资源的未来价值：一方面，要对绩效结果的持久性进行评价，主要评价人力资源绩效管理活动能否在一定时期内得以保持，能否有效促进政府行政能力的持续提升；另一方面，要对绩效结果的价值性进行评价，主要评价政府人力资源绩效管理活动是否能够充分调动其各职能部门及内部公务人员的积极性，能否有力促进服务型政府的构建、提升政府的服务水平。

4. 效益型指标

在一般情况下，效益型指标是通过具体的财务指标或统计计算来进行判断的，用以判断政府人力资源最终产出成果的价值。值得注意的是，由于政府人力资源绩效结果有相当一部分是无法用钱财等物质形式计量的，所以在对政府人力资源管理活动进行评价时，要从可量化和不可量化两个角度进行衡量：一方面，要在合理统计、全面评价的基础上，以钱财等形式对政府人力资源绩效管理的结果进行量化统计，包括通过绩效管理实现的政府内部管理成本的节约及社会管理成本的降低两个方面；另一方面，要广泛收集社会公众对政府服务水平的评价，在科学分析、综合把握的基础上，对政府绩效管理改革取得的成果进行客观、公正的评价。

三、行为性指标体系的作用及评价标准

（一）行为性指标体系的作用

以结果为导向的绩效评价，倾向于把工作看成各种任务的集合，是一种“事后性”的评价，对于提升政府内部工作人员效率、改善政府人力资源管理结果的作用有限，而以组织公民行为为导向的绩效评价，可以在人力资源管理的过程中对政府公务人员的工作行为与绩效结果进行相应的度量和评价。除了成果指标的呈现之外，其行为表现也是决定政府人力资源绩效结果的关键因素之一，有力弥补了成果性指标的不足。同时，对于政府人力资源中具体的操作人员而言，每一个公务人员都有自己的个性，其工作行为具有特殊性，基于行政效益高回报率的绩效评价的行为表现，不仅能够有效衡量政府公务人员的工作效率与效益，不断在整合个体工作效率与效益的基础上使服务型政府人力资源绩效管理的运作更具效率，而且能够促进政府整体服务水平与可持续行政能力的不断提高。因此，在进行服务型政府人力资源绩效评价时需要引入组织公民行为相关指标来对政府人力资源行为性绩效进行衡量，要以组织公民行为理论为基础，在综合考量各工作岗位特点的基础上，从建设服务型政府的实际出发，将行为性评价指标纳入整个考核的重要范畴。具体而言，服务型政府人力资源绩效评价行为性指标主要可以从对组织是否忠诚、在工作中是否协作助人、工作态度是否积极主动等三个维度进行分析。

（二）行为性指标的评价标准

行为性指标的评价标准可以分为三类，分别是组织忠诚、协作助人和积极主动。其中，组织忠诚占比 60%，协作助人占比 30%，积极主动占比 10%，每个指标下设有多个指标，如表 3-2 所示。通过设立行为性指标体系，并赋予各指标不同的占比权重，有效地指导公务员的办事行为，也使得其行为有了可以遵循的客观标准，规范了公务员的行为，提升了服务型政府公务员的办事水平与办事效率，改进了公务员的工作作风，提升了人民群众对政府工作的满意度。

表 3-2　服务型政府人力资源绩效评价的行为性指标

一级指标	二级指标及权重	三级指标	指标内容	计算方式
服务型政府人力资源绩效评价的行为性指标	组织忠诚（60%）	组织认同感	服从政府领导，践行政府的各项政策，做好本职工作的基础上积极维护国家与人民利益，积极维护政府形象	指标内容根据实际情况进行五级打分制：A=90～100（优）；B=80～89（良）；C=70～79（中）；D=60～69（及格）；E=60 以下（差）
		组织归属感	认真践行本职工作，拥护政府的各项管理公务员的规章、制度，服务于社会公众	
		团队合作能力	与部门工作人员共进退，保守工作机密，维护政府形象	
		防腐拒变能力	抵制各类利益诱惑，积极维护社会公众利益	
	协作助人（30%）	人际关系和谐度	协助解决工作人员之间的争议或纠纷，以维护政府人际和谐	
		合作共事能力	自觉、自愿的帮助同事解决工作问题，在物质上相互帮助，在精神上相互鼓励	
	积极主动（10%）	政策建议能力	在完成本职工作的基础上，积极为服务型政府的建设提供有效的政策建议	
		额外工作能力	主动承担自己岗位工作职责以外的任务和责任、积极参加政府相关学习会议、参与政府举办的相关公益性活动	
		自我要求能力	自觉的通过各种方式完成本职工作，积极进行自我学习，提高办事能力，提升自我综合素质	

1. 组织忠诚

在组织公民行为理论中，组织忠诚是一个很重要的维度，把组织公民行为理论引入服务型政府人力资源绩效评价中，政府人力资源的组织忠诚度就应当成为衡量绩效评价的重要指标。在构建服务型政府的过程中，主要从以下几个方面衡量政府公务人员的组织忠诚度。一是公务人员的组织认同感，主要考核政府公务人员是否服从党的各级委员会、政府的领导；是否在中共中央文件精神的指导下认真践行各项政策法规；是否在做好本职工作的基础上积极维护国家与人民的利益、维护政府形象。二是政府公务人员的组织归属感，主要考核在构建服务型政府的过程中，政府公务人员对自己本职工作的重要性是否有清晰的认识与正确的定位；是否能够在明确并认同政府发展战略规划的基础上，积极拥护并不断践行各项管理规章、制度；是否树立了“服务群众”意识，积极团结群众、服务群众。三是团队合作能力，主要考核政府公务人员在开展本职工作的过程中，在部门内部与部门之间是否能够做到与其他工作人员共进退；是否能够保守工作秘密；是否能够在工作中积极维护政府形象，不断提升公众满意度。四是防腐拒变能力，主要考核政府公务人员能否抵制各类利益诱惑，在工作过程中积极维护社会公众利益。

2. 协作助人

随着社会的进步，服务型政府对其人力资源绩效管理的目的不仅局限于完成任务、遵守规章制度等基础性要求，还要求政府公务人员要具备更高的素质，能够更好地服务于社会工作，满足社会公众的不同利益需求。因此，以协作助人为评价标准的指标就成为服务型政府人力资源绩效评价的行为性指标之一。从本质上来讲，服务型政府人力资源的协作助人是构建和谐社会的必然要求与具体体现，在构建服务型政府人力资源绩效管理评价指标体系的过程中，要从这一本质出发，对政府公务人员的工作结果进行评价，具体而言包括以下两个方面。一是考核人际关系和谐度。主要考核其是否善于协助解决工作人员之间的争议或纠纷；在正常开展本职工作的过程中，是否善于在本部门内及部门之间营造融洽、和谐的人际关系。二是合作共事能力。主要考核各工作人员是否能够自觉、自愿地帮助同事解决工作中遇到的问题；是否能够与其他同事做到在物质上相互帮助、在精神上相互鼓励。

3. 积极主动

服务型政府人力资源绩效管理目标的实现，除了需要公务人员对组织忠诚和相互协作之外，还需要在工作过程中保持良好的精神状态。因此，积极主动就成为政府人力资源绩效评价的行为性指标之一。衡量政府公务人员的积极主动性主要从以下几个方面来进行。一是政策建议能力，主要考核工作人员是否拥有在完成本职工作的基础上，从实际出发，积极为构建服务型政府、实现战略发展目标提供有效政策建议的能力。二是额外工作能力，主要考核工作人员是否能够主动承担自己岗位工作职责以外的任务和责任；是否能够积极参加上级部门组织的各种旨在提升自身政治素质与执政能力的专题学习会议、培训等；是否能够积极参与上级组织举办的各项公益性活动。三是自我要求能力，主要考察工作人员是否能够积极地通过各种方式完成本职工作，能否自觉地通过各种方式积极地进行自我学习与自我锻炼，不断提高办事能力，提升自我综合素质。

四、积累性指标体系

进行服务型政府人力资源绩效管理改革的切入点在于，通过不断提升政府内部个人价值的有效实现，在整合个人绩效的基础上，实现整体绩效的有力提升，有效促进政府可持续行政行为能力的不断增长，提高政府服务水平。因此，在构建服务型政府人力资源绩效评价指标体系的过程中，应当注重加强政府公务人员个人能力持续提高与综合素质提升的积累性指标体系的构建。通过构建积累性指标体系，持续加强政务公务人员的个人能力与综合素质，提高其办事水平与服务能力，并为其个人的发展提供参考方向与前进动力，同时可以从多个层面推进政府公务人员水平的提升。

具体而言，积累性指标可以从自我学习能力、组织教育指标、专项教育指标和交流学习能力等四个方面进行分析。一是自主学习能力。主要考核政府公务人员是否在工作之余阅读有关的报刊、书籍；是否在工作之余通过自学考取相关证书或以参加学历教育的方式进行自我“充电”；是否通过各种学习方式努力夯实自己的专业知识，提升自己的实际操作能力。二是组织教育指标。主要考核其是否积极参加政府人力资源部门提供的内部培训；是否积极参加政府人力资源部门资助的外部培训；是否积极参加本部门以提升工作能力为目标的基本培训。三是专项教育指标。主要考核工作人员在开展本职工作时，是否主动通过政府人力资源管理部门工作手册等文件获取相应的知识，积极配合人力资源管理部门的工作。四是交流学习能力。主要考核工作人员是否能够同经验丰富的工作人员一起工作，交流心得；是否通过政府人力资源网络进行在线学习；是否能够与同事之间进行有效交流与切磋；是否与共同兴趣者组成非正式的学习网络，关注民生，探讨社会热点问题，如表 3-3 所示。

表 3-3　服务型政府人力资源绩效评价的积累性指标

一级指标	二级指标及权重	指标内容	计算方式
服务型政府人力资源绩效评价的积累性指标	自主学习能力（40%）	是否在工作之余阅读有关的报刊、书籍；是否在工作之余通过自学考取相关证书或以参加学历教育的方式进行自我“充电”；是否通过各种学习方式努力夯实自己的专业知识，提升自己的实际操作能力	指标内容根据实际情况进行五级打分制：A=90～100（优）；B=80～89（良）；C=70～79（中）；D=60～69（及格）；E=60 以下（差）
	组织教育指标（30%）	参加政府人力资源部门提供的内部培训；参加政府人力资源部门资助的外部培训；参加本部门以提升工作能力为目标的基本培训	
	专项教育指标（20%）	主动通过政府人力资源管理部门工作手册等文件中获取相应的知识，积极配合人力资源管理部门的工作	
	交流学习能力（10%）	同经验丰富的工作人员一起工作，交流心得；通过政府人力资源网络在线学习；与同事之间进行交流与切磋；与共同兴趣者组成非正式的学习网络，关注民生，探讨社会热点问题	

第三节　服务型政府中人力资源绩效评价技术体系

一、理论基础与价值驱动因素

（一）价值管理理论基础

为什么服务型政府中人力资源管理者的首要目标是长期的人力资源价值的创造与管理呢？因为只有拥有高效行政行为、创造高效行政效益、人民满意的公务员队伍的政府，才能让服务型政府真正建立起来，并不断创造优质的公共服务与产品。

但是长期以来，政府部门中的人力资源管理者，即各职能部门的直接领导者对本部门的人力资源绩效管理的关注点是考核体系、考核工具和方法，而忽视了如何科学、规范地设计评价体系的构成要素。这就造成了政府职能部门的主管领导者没有将人力资源绩效评价与对人力资源的评价技术联系起来，从而导致人力资源绩效管理的重点不是改变或提升人力资源的价值，而只是关注外在的表现。

当前，我国传统型政府对价值创造强调得不够，而建设服务型政府的首要任务是树立从上到下地为社会发展而服务的价值观念。为了改变这一状况，服务型政府建设中应强调将价值创造界定为服务型政府每一个成员的首要责任，即要求各级政府部门的直接管理者对每项工作、每个岗位进行价值分析，而分析的工具则可选择运用价值管理理论。

作为服务型政府，其可持续的行政能力的提升不应是基于国内生产总值（gross domestic product，GDP）等硬件指标的衡量，而应是基于各级政府部门价值创造的增长。但是，在实践中，有些政府部门却存在着以下问题：第一，对于价值创造者——政府部门公务员的人力资源绩效规划及人力资本投入过于轻视，而急于要求公务人员就现有行政水平和能力完成高标准工作；第二，即使制订了相关的人力资源绩效规划，但实质上只是纸上工作，并不能将其与部门的战略、工作计划紧密结合。这两个问题就造成了在规划没有实践指导意义的前提下，对人力资本投入的支出建议不可行且难以评价。因此，服务型政府人力资源绩效管理规划必须和地方各级部门的战略相一致，必须能够将战略目标三级分解到业务层面，并明确地指出实现目标的程序设计、技术支持、实践方法及评价指标。

要真正建立基于价值管理的服务型政府人力资源绩效评价技术，就要关注相关影响因素，将价值创造理念内化到政府部门主管领导者的人力资源绩效管理的实践工作中。在建立服务型政府时，各政府职能部门的人力资源管理者承担着价值管理者的角色，要能将价值创造理念渗透到对每一位人员的管理中，并能够基于价值影响进行人力资源绩效管理的决策。

（二）确定价值驱动因素

服务型政府各级管理者在人力资源管理中要明确，对于个体和部门来讲，价值驱动因素和价值目标是什么。要关注在短期或长期的工作过程中，对个体公务人员行政行为与行政效率有持续性影响并能够创造价值的行为。只有在管理者明确了行政工作和公共服务工作的价值驱动因素与每个驱动因素如何影响公务人员个体进行价值创造的时候，政府部门的人力资源管理者才能在具体的管理中，对多种价值冲突的驱动因素准确地做出取舍决策，从而实现人力资源绩效管理的持续高效。

同时，明确部门内公务人员在行政工作和公共服务中的价值驱动因素，能够使管理者做好业务流程的规划与决策，让能够提供更大公共价值的行政行为拥有更高的优先级别。设定行政业务优先级别的价值在于政府部门管理者对人力资源管理中的重点内容的确定，这就需要基于价值管理的评价技术的支持。因此，如何建立卓越的人力资源绩效规划与人力资源绩效管理体系，就需要政府部门的主管领导者在价值管理中运用相应的评价技术，在本单位和部门的各个层面，塑造和管理公务人员在公共行政工作中如何创造价值的思维模式。

服务型政府的人力资源管理者必须制定本单位的价值驱动因素。在服务型政府建设中，各部门主管领导者可以通过两个步骤来确定本部门公共服务和行政工作的价值驱动因素。

第一，理解公共服务和行政工作的业务联系，并确定可能的价值驱动因素。确定本部门公共服务和行政工作的业务联系的一个重要的工具就是价值树。通过价值树的系统分析，将公共服务和行政工作中的各项指标以可视化的方式呈现。部门的主管领导者在这一过程中应从多元价值的角度来审视。在建设服务型政府部门的人力资源管理的价值树时，一定要重点关注对于公共服务和行政工作效率、效益和效果增长具有较大贡献的价值驱动因素。这一要求是基于对公共服务和行政工作的具体业务有深入的掌握和理解，不仅要从内部管理的角度来思考业务的价值体系，更重要的是，要从服务对象的角度来思考。

第二，确定最高优先级别的价值驱动因素。服务型政府人力资源管理价值属性上的每一个分支都可能是一个价值驱动因素，但是其数量较多。部门主管领导者要通过一定的技术与方法，确定其中哪些是能够使公务人员个体产生最高公共服务效果和行政工作效率的价值点，即最高级别的价值驱动因素。因此，首先要对价值驱动因素进行优先度排序，确定因素之间的相互影响关系，找出不同驱动因素影响程度的大小。

二、人力资本属性与人力资本评价技术

（一）服务型政府中人力资本属性

美国经济学家舒尔茨所提出的人力资本理论认为，通过对人的知识、能力、健康等各方面投入而形成的人力资本是推动经济增长的关键因素。人力资本是凝结在人体内，能物化于商品和服务，增加商品和服务效用，并以此分享收益的价值。人力资本是与物力资本相对应的概念，它一般由劳动者的知识技能和体力状况等构成。

按照这一概念界定，本书认为，在服务型政府中人力资源管理的价值实现就在于通过部门主管领导者的价值管理，使部门内的公务人员个体的人力资本能够得到提升与实现，从而提升部门公共服务或行政工作执行力。因此，评价价值实现的人力资本评价技术就是一项重要的研究内容。

1. 人力资本具有资产属性

政府部门中的人力资本以独特形式存在于政府部门的特定资产中。这里所说的人力资本不包括在工作人员进入政府公共部门之前人力资源的投

入，只包括工作人员入职后由政府公共部门对其进行一系列培训、教育等投入所产生的凝结于其中的知识技能和体力等。这部分人力资本之所以能够成为资产，是因为它具有资产的一般特性。

第一，政府公共部门中人力资源所具有的人力资本蕴藏着在公共服务或行政工作中可能产生的未来收益。也就是说，人力资本能为特定主体，即政府公共部门中的公务员、职员、专业技术人员带来未来经济利益，通过其生产公共服务和开展行政工作，可以直接或间接地为政府公共部门带来社会效益和收益。

第二，政府公共部门中人力资源所具有的人力资本为政府公共部门所拥有或控制。本书所讨论的只是工作人员在入职政府公共部门后的人力资本，也就是说，其所具备的人力资本必须投入公共服务的生产和行政工作中，因此它必然为政府公共部门所拥有或控制。

第三，政府公共部门中人力资源所具有的人力资本是可以用货币计量的。政府部门人力资源所具有的人力资本必须用货币来计量，特别是随着社会主义市场经济体制的建成，无论哪个领域、何种身份的人力资本都是一种特殊的商品，是要通过计量来完成交易的，但是其人力资本价格与价值的关系是一个亟待深入解决的问题。

2. 人力资本具有价值增值属性

政府部门中的人力资本是由人力资本所有者在从事公共服务生产和行政工作过程中生产与创造出来的，并且其所生产和创造的公共服务相比政府部门对其人力资本投入拥有更大的价值，即具有增值性，具体表现在以下两个方面：一方面，是从事公共服务和行政工作的人力资本自身的增值；另一方面，是人力资本对经济社会管理、社会发展、社会治理等各方面持续有效良好运行的作用。

从事公共服务和行政工作的人力资本自身的增值是通过以下三个途径实现的。一是由政府部门的公务员、专业技术人员及职员个体，根据工作需要，自我投入教育而实现的。二是由政府部门对从事公共服务和行政工作必须具备的知识技能等各方面开展教育、培训而实现的。但是不论是自我投入，还是政府部门的投入，接受教育与培训都是政府部门中公务人员个体获得能够为政府部门价值增值的人力资本的途径。通过这一投入，公务人员个体进入公共服务生产和行政工作的过程中的劳动效率得到提高后，必然会得到更大的补偿。这种补偿不一定是货币，可以是自身和部门公信力的提升，也可能是因快速高效完成工作而获得的更多的休闲时间的回报。三是由政府部门中公务人员个体在实践工作中“边干边学”实现的。政府部门的主要工作是向社会提供公共服务及开展行政工作：一方面，政府部门不可能占用大量的时间来开展完整的、长时间的人力资源教育和培训；另一方面，政府部门中的公务人员个体也无法投入大量的时间和精力到自我教育活动中。因此，对于他们来说，更多的专业知识和技能是在生产公共服务产品和具体的行政工作的实践中获得和提升的。

这一过程并不像表现出来的那样没有进行资源的投入，实际上，这是有大量的成本投入的，即具体的劳动投入也是人力资本增值的投入，人力资本的边际增值量是劳动的一种产出。也就是说，政府部门中的人力资源个体通过实践工作，在实践中创造和培育自己的人力资本。

（二）人力资本评价技术

1. 人力资本评价因素的选择

在建设服务型政府时，对人力资本评价因素进行选择和排序，是开展和运用资本评价技术的第一步，对于人力资本所有者、部门领导者和政府部门都具有重要的价值。

一方面，对于人力资本所有者来说，价值因素的排序使其明确了自身人力资本在部门内的具体价值度，能够使其在后续的公共服务或行政工作中进一步完善、调整和提升自身人力资本，开发自身潜能和优势，在公共服务或行政工作中做出更大的贡献。另一方面，通过排序，人力资本所有者还可以根据评价结果来判定自身的人力资本是否在政府部门获得了最大的收益，从而对考核对象做出留任或调离的决策。

对于政府部门的人力资源管理者来说，对人力资本评价因素进行排序，使其能够了解其所掌握和管理的人力资本的基本情况，为其进行配置打好基础，实现在建设服务型政府中人力资本配置的优化。同时，对部门内人力资本评价因素进行排序，使管理者能够掌握部门内部人力资本的情况，更好地评价部门内的人力资本。

对于建设服务型政府的工作来说，对人力资本排序是其顺利进行的基础，建设服务型政府的核心是要有足够的合格的人力资源，如何将这些人力资本的载体通过排序有效地组合配置，是一项重要的工作。

2. 人力资本评价因素的排序标准

本书认为，服务型政府中公务人员的人力资本评价因素排序标准可以分为基础排序标准和核心排序标准。基础排序标准是首要具备的，是必要条件。只有在满足了基础排序标准之后，才能谈是否满足核心排序标准。按照《中华人民共和国公务员法》关于“德、能、勤、绩、廉”的内容，以及李克强总理提出的“促进改革创新、始终勤政为民、践行法治原则和严守清正廉洁”四点希望，本书认为，人力资本评价因素的基本排序标准为“德”，政府部门人力资本评价因素的“德”是中国传统文化中的核心，也是打造人民满意的服务型政府的基础，更重要的是，服务型政府中的“德行”观念亟须重树和提升。由于政府部门中的公务人员拥有公权力，如果其没有将“德”作为首要的基础因素的话，很可能会出现政府公务人员利用其人力资本侵害社会，影响政府部门的运行与社会的公平正义的情况。

3. 人力资本评价因素排序

在“德”作为首要基础因素被确定之后，对于不同的政府职能部门的类型和性质，乃至政府部门内不同的公务人员个体的性质，如专业技术类、行政执法类和外聘类工作人员，他们的人力资本排序不仅是复杂的过程，其具体的内容也都不可能一致。同时，对于不同的部门领导者和人力资源管理者来说，对服务型政府中人力资本评价因素的排序强调的侧重点不同，但是无论有何种不同，其具体的实施程序有共同遵循的路径。

第一，根据政府部门的目标对部门内各类人力资本分类。服务型政府部门的部门目标既有长期的，也有短期的。短期目标是为了实现长期目标而进行的分解。因此，在实现长期目标和短期目标的不同阶段，可以根据具体的需要对不同人力资本进行配置，这种配置一定要根据实现目标的需要，将人力资本按照自身特点和工作要求进行初步分类，从而实现有效配置，高效完成各项预期任务。

第二，在部门人力资源管理实践中检验排序。对于政府部门中的各类人力资本，通过人员考察过程，将其配置到适合的岗位，部门人力资源管理者在实际工作中进行考察，确定其人力资本特点和转化情况。

第三，管理者根据部门的目标和人力资本高低，对人力资本进行优化组合。部门领导者根据对部门内各类人力资本在其工作岗位的表现，真正掌握人力资本实际配置和转化情况，从而进行更新优化排序。更新优化要求目标与人力资本重新结合，使人力资本在经过动态优化调整之后，实现部门内各类人力资本之间互动，加强人力资本所有者和部门管理者之间的交流。这个过程就是部门内各类人力资本更新排序的过程，也是管理者自身人力资本提升的过程。对于人力资本的排序是政府部门内部和外部进行信息交流、相互作用的过程，因此政府部门管理者要对人力资本特性有全面的把握，客观公正地对人力资本分类、优化配置；同时，人力资本排序是一个动态的过程，应该在实际应用中对其进行优化。

4. 人力资本评价主体与投入者

人力资本评价技术要关注政府部门对于人力资源的投入与其在公共服务和行政工作中的回报，其实就是评价人力资本投资的效率、效益的问题。这一问题的实践和开展，必须对政府部门中人力资源管理的制度和机制进行变革。

在传统的政府人力资源管理中，对于人力资本的投入很少关注人力资本的回报，更不关注人力资本投入的使用效率。因此，基于价值实现的人力资本评价技术必须改变这个核心问题，使政府的人力资本投入更加关注其在公共服务和行政工作中的回报。

在具体的政府部门中，各类人力资本所有者都是利益相关者。按照人力资本管理协调或组织的职能划分，部门的管理者是人力资本的投入者与评价者。但是实际上，部门内的所有公务人员在实践工作中都投入了自己的精力、技能和知识，他们都是评价的参与者。具体来说，从政府部门来看，部门管理者具有直接控制、配置人力资本的权力。但是管理者能够有效行使配置权力的前提是其自身具备了管理类人力资本。从政府部门内部来看，所有公务人员会对比部门管理者对所有人力资本的排序和自我排序的结果，如果他们发现两者的差距太大，则可能采取退出、观察，或者消极应对的行为。另外，如果两者的契合度较好，则其会在工作中转化自身人力资本，体现自身价值，并不断提升自身人力资本，为将来提升排序层级并获得更多收益而努力。

综上所述，服务型政府中人力资本评价技术不只是管理者的责任，也是部门中所有工作成员的责任。能够科学准确地对部门内所有人力资本评价因素的高低进行排序，是人力资本评价技术的前提，也是体现部门管理者拥有管理类人力资本大小的基础，更是实现政府部门目标的基础。

三、知识和技能结果导向的评价技术

对人力资源在管理中所获得的相关知识和行政管理技能的效用与实际的用途的判断是以知识和技能结果为导向的评价技术的前提。因此，服务型政府中的人力资源管理者在进行价值资本评价时应该考虑每项行政业务或公共服务的具体流程，以及其完成所需的知识和如何发挥其用途的问题。

以知识和技能结果为导向的评价技术要求从抽象的评价对象转向具体的评价对象。换言之，就是要打破传统的“德、能、勤、绩、廉”的抽象性，将其转化为明确到每个知识点与技能上的具体实践。政府部门中的人力资源管理者在这其中的角色是一个价值管理者，其管理重点在于协助、指导个体在其业务工作中进行判断与决策。因此，双方就需要一个沟通系统与过程，在这个系统中，政府部门的人力资源管理者应该提供一份清单，其内容是针对业务单元或模块建立起来的评价标准和业务基本选择。这一份清单对于公务人员个体来说，就是其在行政工作中和公共服务中要给予知识与技能完成的具体工作。

以知识和技能结果为导向的评价技术没有一个特定或固化的模式、方式。相反，它是一个由政府部门的人力资源管理者协助清单使用者为完成公共服务或行政工作的知识和技能需要而选择的一个最恰当的模式与方法的过程。这就需要政府部门中的人力资源管理者与被管理者实现持续互动。

（一）确定价值资本评价技术的个人因素

在服务型政府中人力资源的知识和技能的评价技术中关于必备知识与各种技能标准的确定、方法的选择及时间表的规划，从表面上来看，是由具体的业务单元确定的，但是实际上这些议题应该是由评价的使用者来确定的，这是由于在进行人力资源的评价时，只有评价的具体使用者才会将这些技术与标准落到实处，并根据标准来对人力资源进行评价。

而对于政府部门中的公务人员来说，评价的利益相关者是这一评价技术的受益人，即这些评价结果会给其带来利益，这些利益不仅包括物质利益，还包括其他无形的或精神上的利益。对于服务型政府来说，受益人的范围较广，包括部门的领导者、同事、被评价者本人、公共服务对象及业务上下游相关者等。但是对于利益相关者群体来说，他们对于被评价者在公共服务或行政工作中的知识和技能的要求是不同的，不同的利益相关者对其的要求存在差异。因此，个人因素在具体的评价活动中起着十分重要的作用，对人力资源的评价技术有着复杂的影响，而同时，正是由于这一复杂的个人因素，才使评价有使用价值。

（二）知识和技能结果导向的评价技术的互动

“主动—反应—调适”是服务型政府中人力资源管理者与被评价者之间

协调互动的基本模式。这一模式的基本立足点是多元主体的互动，在互动过程中完成对人力资源的评价，并根据评价结果来调试自身的行为。对“主动—反应—调适”这一基本模式的运用，对于政府部门中的人力资源管理者与被评价者来说，其核心价值观是以尊重其中的个人因素为基础的，是在个人因素的基础上进行的。首先，以知识和技能结果为导向的评价是一种互动的，并聚焦于问题的评价技术，它要求被评价者对完成业务或公共服务的标准与任务有主动的反应，积极地去融入这一过程，并在对其了解之后，对照相关标准和要求，对自身的知识与技能进行评价、调整与完善，调整自身的知识和技能，弥补自身存在的缺点与不足，实现与任务清单的契合，完成清单中的任务，履行自身的职责。

（三）知识和技能结果导向的评价流程

以知识和技能结果为导向的政府部门人力资源绩效评级技术的核心是，对职位及职位主持人之间期望的，与实际掌握的知识和技能的水平及程度进行评价，从而发现存在的问题，对职位主持人所掌握的履行职位职责、完成职位任务的知识和技能结果进行评价。

1. 评价内容的选择

知识和技能的选择评价是对特定公务人员在职位上的知识需求、技能需求与提升机会的评价。知识需求包括该职位工作所需的专业和综合性知识与理论。技能需求包括履行该职位职责所需的技术能力。提升机会是指获得知识与技能的可行性。评价内容选择的主要目标是：①描述职位预期服务和业务的任务；②确认职位所需的专业知识、理论和技能；③确定可用的提升机会与资源；④确认目标的明确度与可行性。

以上评价内容虽然是评价的起点，但是也可以出现在评价中的各个阶段。它被用于确定知识与技能的优先级。本步骤的方法主要包括收集有关职位及其环境的各种信息，并对其进行分析。首先，要求对所需的知识和技能进行范围的界定。其次，针对具体的内容，评价者结合实际与期望，与职位的主持人、上级主管等进行访谈，从而确定知识与技能的信息，用资料档案技术，建立关于该职位知识与技能的档案。此技术的内容有：建立检查表，包括职位所需的专业知识、专业理论及实践技术等；建立动态数据库，对职位相关的数据进行动态更新与管理。

例如，对于某一行政执法类职位，可以建立以下形式的档案。

1）职位背景与当前的状况

（1）职位目标与使命。

（2）职位内容与工作任务。

（3）职位在政府职能转变中的可能变化。

2）利益相关者对本职位的要求

（1）界定本职位利益相关者。

（2）界定利益相关者与本职位的关系。

（3）利益相关者对本职位的期望。

3）职位所需的知识与技能分析

（1）知识与技能的界定。

（2）知识与技能的来源。

（3）获取知识与技能的途径及其可能性。

建立了以上的文件后，政府人力资源管理者就拥有了一个详尽的对该职位的现实与发展的评价的起点。

2. 投入评价

投入评价的主要目的和活动是由第一阶段所确定的，对职位主持人已具备的知识和技能的水平与内容进行评价，找出其与预期目标的差距，用以评价哪些关键性知识和技能存在缺失，并有效地处理这些职位和与之相关的技能要求、问题、提升机会及途径。

投入评价是对职位主持人能否成功获得职位要求的知识和技能的前提性评价。通过评价，管理者就可以对相关管理与培训资源进行重新配置。因此，投入评价就是要先确定并评价知识与技能在现实与期望之间的优先度的问题，并使管理者做好选择准备，避免对职位主持人培训的投入浪费。

进行投入评价可以借助职位分析的具体方法。首先，可以收集在职位分析工作中获得的相关信息，已掌握的主持人所具备的知识和技能的信息，以及该职位典型性、关键性工作任务、工作行为和事件所反映出的信息，将三者列表进行对比评价，得出结论。如表 3-4 所示。

在对表 3-4 的使用中，评价者根据具体的职位，通过对职位的调查和分析，将该职位在三个维度所需的知识和技能的具体内容进行列表梳理，通过横向的对比，就会发现在该职位中职位主持人现实具备的知识和技能与该职位所要求的知识及技能的差距，并能够发现在职位设计中，有哪些知识和技能被忽略或遗漏，从而进一步完善工作。

表 3-4 知识和技能结果为导向的投入评价对比表

职位分析	职位主持人现实具备		典型、关键任务和行为		典型工作事件	
职位类别	知识	技能	知识	技能	知识	技能
专业技术类	1. 主持人具备的专业理论的程度（可用专业教育的领域来判断其程度，如质量监督职位的主持人是否具有质量管理专业的教育经历等） 2. 主持人具备的专业理论的深度（可用专业教育的层次来判断其程度，如质量监督职位的主持人具有质量管理专业的教育层次是本科还是研究生等）	1. 主持人运用本职位所需的科学仪器或专业设备的熟练程度和水平（可用相关操作或资格证书来验证） 2. 主持人运用本职位所需的科学仪器或专业设备解决专业问题的效果（根据具体的工作效果来验证）	未被纳入职位说明书但是经常性发生的工作行为和核心任务，完成其所必需的专业知识和理论	未被纳入职位说明书但是经常性发生的工作行为和核心任务，完成其所必需的专业技能	某些具体工作事件所反映出，但职位说明书和主持人均不具备的知识	某一具体工作事件所反映出，但职位说明书和主持人均不具备的技能
行政执法类	主持人具备的行政执法知识（例如公安职位的主持人是否具有刑事侦查类专业教育经历）	主持人在行政执法过程中的执法方法和技巧	该职位未被纳入职位说明书但经常性发生的执法行为和核心任务，完成其所必需的执法知识	该职位未被纳入职位说明书但经常性发生执法行为和任务，完成其所必需的执法方法和技巧	某些具体执法工作反映出，但职位说明书和主持人均不具备的知识	某些具体执法工作反映出，但职位说明书和主持人均不具备的技能
外聘人员	主持人具备的专业教育的领域及专业知识的深度，以主持人所受的专业教育经历及其证书为判断	主持人运用在履行本职位职责和任务中所体现出来的技能水平，以相关资格证书与实际绩效为判断	该职位未被纳入职位说明书但是经常性发生的工作行为和核心任务，完成其所必需的专业知识和理论	该职位未被纳入职位说明书但是经常性发生的工作行为和核心任务，完成其所必需的专业技能	某些具体工作事件所反映出，但职位说明书和主持人均不具备的知识	某一具体工作事件所反映出，但职位说明书和主持人均不具备的技能

3. 过程评价

过程评价的本质是，管理者通过评价发现职位主持人在获取与职位要求的知识和技能的过程中的问题及不足，并对其进行指导与修正的过程。在本方法中，职位主持人更多地通过“边学边干”的方式，在实际工作中来弥补知识与技能的不足与差距。这个过程需要管理者与职位主持人进行信息沟通。通过反馈，管理者可以掌握职位主持人在工作中是否按照要求遵守学习规划、计划，以及其学习的效果和效率。过程评价的另一个目的是评价职位主持人在工作和实践中学习的问题与困难程度，并由管理者评价主持人如何针对问题进行改善。

4. 结果评价

结果评价的目的是测量，并判断职位主持人最终所掌握的知识和技能的结果与期望之间的差距。在结果评价中，管理者的主要评价内容是职位主持人获取的应具备的知识和技能的程度，以及这个结果的投入是否值得。另外，管理者要评价在前期工作中，有哪些知识和技能的不足是由培训计划与方案的不完善而造成的。

同时，对于管理者来说，还有一个评价内容是十分重要的，即非预期结果的评价。非预期结果是指，通过职位主持人在工作中的学习与锻炼，其学习和掌握了一些不在职位设计与要求中说明的知识与技能。对于非预期知识与技能结果的评价，主要是评价这些非预期结果对职位工作和职责履行的关系度与贡献度，从而判断其价值大小。如果与职位具有紧密的相关度，并有贡献度，则应分析为何没有列入职位知识和技能的范畴，并将其在职位说明书中固化。

四、后设评价技术的必要性、步骤和应用

服务型政府中人力资源绩效管理的价值管理者在人力资源个体管理的评价中的另一个重要议题就是，对于人力资源管理者所进行的评价本身进行评价，即后设评价。后设评价的目的是对整个人力资源绩效评价工作进行评价，它是对人力资源绩效评价的效用、可能性、适当性及准确性等信息的收集、记录和运用的过程，并据此对绩效管理的有效性与价值度大小进行评价的一种技术。换言之，后设评价就是对绩效评价本身科学性、有效性的评价。后设评价基于人力资源管理者与被管理者的利益，即专业人员需要通过后设评价的技术，了解绩效评价工作的有效性和存在哪些不足，从而完善下一周期的绩效管理工作，而对于被管理者来说，通过后设评价技术，对其工作成果进行评价。

（一）后设评价技术的必要性

后设评价技术对于服务型政府中人力资源绩效管理具有十分重要的作用，对于具体的管理者和被管理者也具有重要的作用。对于人力资源管理者来说，通过后设评价技术，可以知道人力资源绩效管理的评价环节中的评级规划、计划和实施有哪些误区或不足，以便在下一个管理周期对其进行改善。对于部门中被管理的公务人员来说，可以通过后设评价，了解本次管理周期内对自己的绩效评价结果是否可信并有效，以及自己工作或行为是否得到了公平、公正和有效的评价。社会公众可以通过后设评价报告，

了解提供公共服务的政府部门的服务能力及其可信度。

因此，良好和完善的后设评价能够为政府部门人力资源绩效管理及其评价的各方提供一个品质保证机制，这个机制的重要性就如同审计制度对于会计领域的重要性。如果政府人力资源绩效管理及其评价的所有信息都仅来自部门负责人或政府人力资源管理部门，那么所有绩效管理的过程、手段和方法，以及结果和结论不受到审核，就会缺少针对管理主体的详细检查，人力资源绩效管理及其评价很可能就会成为管理主体的一种工具。同样，被管理者及社会公众等利益相关者群体也就不会信任绩效管理的结果。因此，后设评价极其重要，符合政府部门人力资源绩效管理中利益相关群体各方面的利益。

（二）后设评价技术的步骤

后设评价技术的实施需要多方参与，并运用对比的方法对相应的评价标准进行核定，其评价结果的运用将会为下一个人力资源绩效管理周期提出建设性意见。

1. 决定后设评价的利益相关群体

对于政府人力资源绩效管理来说，开展后设评价工作，是对其绩效评价工作的一种评价，因此与绩效评价工作相关的被管理者、上级主管领导或者外部评价者、与同级和下级有业务关系的同事等共同构成评价小组。在与利益相关者小组的沟通中，所有评价主体要对所设立的人力资源绩效评价的规划、计划，以及其执行实施的具体环节、评价活动、所使用的工具、方法和技术等具体内容、评价结果进行审查。因此，这个利益相关者小组要认真阅读人力资源绩效管理评价报告，同时要对后设评价的计划报告进行审核，包括后设评价系统标准的选择、获取信息的计划和工具、对部门人力资源绩效管理评价系统优缺点的诊断，以及评价结构的使用等方面。但是，这个小组成员可能只了解和熟悉业务工作，对于评价技术和方法有所不足，因此还需要有专门的后设评价者加入。

2. 界定后设评价的问题

对于后设评价的问题，要关注两个方面：一是前期的人力资源绩效评价工作的各环节与内容对公务人员队伍建设的价值是否实现了；二是前期人力资源绩效评价工作存在的问题是什么。在确定问题的基础上，对人力资源绩效评价的各项内容的标准进行评定。

标准的确定要根据不同类型的公务人员队伍与政府部门的职能、职责来设计。由国家某个领域的部级单位，如国家工商总局、国家税务总局等，对本系统的人力资源队伍进行分类，设计出指导性的评价内容，再由各省市根据本省市的实际情况进行细化，与地方职能部门共同确定内容。

评价的标准可以分为效用型、适当型和精确型三类。具体的运用示例及要求如表 3-5 所示。

表 3-5　服务型政府人力资源绩效管理后设评价对比表示例

标准分类	政府人力资源绩效管理的具体内容		
	未实现	部分实现	实现
效用型	50%的标准未实现，即为管理内容对该职位效用未实现，需要重新审核管理内容的有效性。	以下两条任一条出现即为部分实现，即管理内容对该职位有效用： 1. 60%的标准完全实现。 2. 所有标准均实现其 60%的程度	80% 的标准实现，且无任何标准未实现，即管理内容完全对该职位有效
适当型	60%的标准未实现，即为管理内容不适当该职位，需要重新审核管理内容是否需要。	以下两条任一条出现为部分实现，即管理内容基本适当该职位： 1. 60%的标准实现。 2. 所有标准实现或者部分实现，即少于 80%且没有标准未实现	90% 的标准实现，且无任何标准未实现。即管理内容完全适用于该职位
精确型	70%的标准未实现，即为管理内容针对该职位不够精确，需要重新审核管理内容是否准确。	以下两条任一条出现为部分实现，即管理内容与该职位具有针对性： 1. 80%的标准实现。 2. 所有标准实现或者部分实现，即少于 80%且没有标准未实现	90% 的标准实现，且无任何标准未实现。即管理内容完全针对该职位

根据评价结果可得出具体的结果图，如图 3-5 所示。

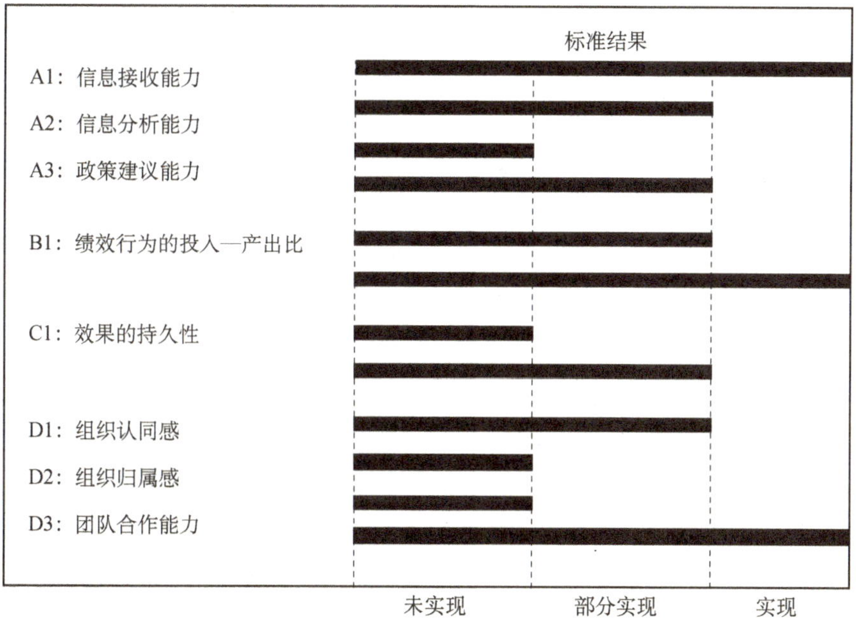

图 3-5　服务型政府人力资源绩效管理后设评价结果示意图

根据服务型政府人力资源绩效管理后设评价结果示意图，后设评价者和所有参与者能够直观地了解各项指标在不同特性上的具体情况，并根据这些图示，撰写评价报告。

3. 对评价结果进行解释并运用

后设评价对于政府职能部门、政府人力资源管理部门和公务人员群体都有着重要的作用，因此在得到后设评价结果之后，就必须将评价结果整理形成后设评价报告，并依据评价报告，对人力资源管理者和部门提出相应的改进人力资源绩效管理工作的建议。通过后设评价结果的解释与反馈，使人力资源绩效管理的各方能够提升管理绩效。

（三）后设评价结果的运用

对于人力资源绩效管理后设评价结果的应用，除了能够达到对人力资源绩效管理状况进行评估外，还对上级管理部门、公务人员自身等利益相关者起着重要的作用，对政府人力资源绩效管理的完善具有很大的价值。因此，人力资源绩效管理后设评价的结果应用有更广阔的空间。具体如图3-6所示。

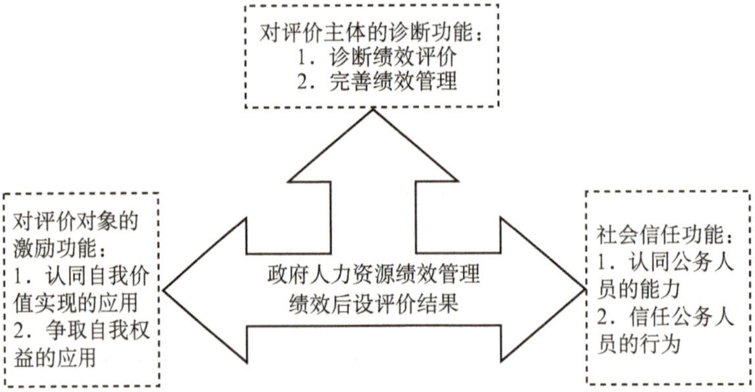

图3-6　政府人力资源绩效管理后设评价结果应用机制

1. 对评价主体的诊断功能

对评价主体的诊断功能是指通过后设评价所得出的结果，根据对政府人力资源绩效评价所做出的结论，进一步完善下一周期的人力资源绩效管理工作。具体来说包括两方面的应用：一是通过与后设评价小组对后设评价结果的分析，使得政府人力资源绩效管理者能够知道在自己规划、计划和实施人力资源绩效评价的过程中，人力资源绩效管理主体在对公务人员的绩效评价中所运用的技术、方法、程序和具体内容是否存在缺陷或不足，并与评价主体确定下一绩效管理周期的改进措施；二是管理主体可以根据对绩效评价工作的重新认识，回溯在人力资源绩效管理前端环节的规划和设计有无需要改进的地方。例如，根据后设评价的结果，发现对公务人员隐性素质的发掘和管理有所忽视，而过度关注与职位紧密结合的外在素质，因此造成了人力资源绩效管理过程中对知识和技能的评价的偏差。

2. 对评价对象的激励功能

后设评价对于评价对象，即政府中公务人员，具有对其价值实现的认同和争取自我权益的作用，进而让公务人员感受到人力资源绩效评价是公平、公正和有效的，即使存在问题或误差，也会有后设评价进行审查和纠偏，并保证了下一个绩效管理周期的有效性，最终提高了公务人员工作的积极性，实现了后设评价技术的激励功能。

公务人员的努力工作，其在工作过程中的效率、效果、素质的提升，以及知识和技能的增长都是其自我价值实现的表现。而这些自我价值是否得到了组织，即其所任职的政府部门及其管理者的认同，体现在其是否获得了晋级，还体现在公务人员通过工作是否获得了组织的尊重和认可。如果公务人员感觉到自我价值在绩效评价中没有得到认可，或者绩效评价存在偏差，那么，他们是很难改变评价过程的。但是，在后设评价技术得到运用之后，公务人员就可以在后设评价阶段，向后设评价小组提出对其绩效评价过程中忽视或误判的环节或因素，并实现自我价值的认同。同时，后设评价技术的运用，保证了人力资源绩效评价的公平、公正和有效，实现了公务人员自我权益的保护。

3. 对社会信任的功能

社会公众对政府公务人员的信任一方面来自政府所颁布的公共政策、执行公共政策等行政工作和公共服务的质量与效果；另一方面来自公务人员在执行具体的公共服务和公共管理工作中所表现出来的行为。因此，通过后设评价技术，形成后设评价报告并向社会公众公布，可以让社会公众了解公务人员进行公共服务的能力，以及其工作行为的规范性。在后设评价具有科学性和公平、公正性的时候，社会公众就能够从后设评价报告中看到对公务人员的绩效评价及评价本身的科学性，从而认同公务人员的能力，信任公务人员的行为。

第四节　服务型政府中人力资源绩效协同管理机制

服务型政府人力资源绩效管理模式改革是一项复杂的系统工程，在推进过程中会涉及政府公务人员、各职能部门负责人、社会公众、社会群体等政府内外多个利益群体。就政府内部而言，为了保障服务型政府人力资源绩效管理模式改革的有序推进，提升人力资源绩效管理模式改革的动力，必须要满足政府内部不同利益群体之间的利益诉求，找到不同利益群体之间的平衡点，因此，在政府内部建立一个绩效协同机制显得尤为必要。

一、服务型政府人力资源绩效协同机制的内涵

（一）人力资源绩效协同机制的含义

服务型政府人力资源绩效管理的协同活动贯穿于整个政府的系统内外，通过协同活动才能更好地发挥人力资源绩效管理的功能，提升人力资源绩效管理的效果。同时，为了提升这一活动的实效性与针对性，保障政府人力资源绩效管理模式改革目标的实现，必须在一定范围内建立一个绩效协同机制，这个协同机制的建立可以有效地加强各种资源之间的配合与合作，使之更好地完成相关任务。这一协同机制有广义与狭义之分，本书所指的服务型政府人力资源绩效协同机制是狭义的协同机制，是指政府为了实现服务型政府人力资源绩效管理目标而设计的政府部门系统内人力资源管理行为规则及处理过程，表现为政府内部各业务职能部门在人力资源管理领域相关行为守则，以及人力资源管理工作过程中的一系列协议和规范，并从决策层、运作层和信息层三个层次来实现协议与规范政府部门之间合作的协同机制。

（二）构建人力资源绩效协同机制的要点

构建人力资源绩效协同机制是一个系统的事情，需要采取综合的措施来实现这一机制，科学理解这一内涵主要从以下两个方面进行考量。一是要明确服务型政府人力资源绩效协同机制的建设是通过对政府业务职能部门在人力资源绩效管理的各环节进行合理组织与调配，将内在力量凝聚成一个整体，以适应工作需要的过程。它要求合理整合政府各业务职能部门，加强各业务职能部门的配合与协调，摆脱碎片化的、单一的工作方式与业务模式，整合各种内在资源与力量，使之形成一个整体，更加高效、快捷地完成工作任务。二是要将服务型政府人力资源绩效协同机制看作贯彻落实、督促检查合作方针政策，协同统筹管理工作，制定和分解服务型政府人力资源绩效管理模式改革的战略目标与任务，沟通与交流人力资源管理信息，实现政府内部各职能部门整体行政行为和行政效率最优化的过程。不能为了构建服务型政府人力资源绩效协同机制而构建协同机制，一定要将人力资源绩效协同系统看作整体战略目标和任务实现的一个部分，是为

了解决人力资源绩效管理过程中出现的各种问题，提升职能部门的办事效率和服务水平，而不是简单地构建一个机制。

二、服务型政府人力资源绩效协同机制的总体框架构建

（一）人力资源绩效协同机制的构成体系

根据前文的分析，本书提出了构建服务型政府人力资源绩效协同机制的基本理论模型，该模型包括“四大系统、一个模式、一个平台”，又称为“411 协同机制”。其中，“四大系统”是指服务型政府人力资源绩效管理决策层协同系统、服务型政府人力资源绩效管理运行层协同系统、服务型政府人力资源绩效管理信息沟通协同系统和服务型政府人力资源绩效管理组织协同系统；“一个模式”是指服务型政府人力资源绩效协同决策模式；“一个平台”是指服务型政府人力资源绩效协同信息平台。具体情况如图 3-7 所示。

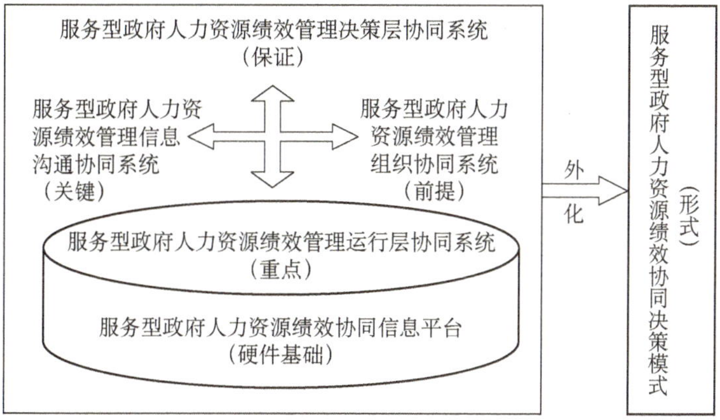

图 3-7 服务型政府人力资源绩效协同机制框架图

（二）各构成体系的作用

在服务型政府人力资源绩效协同机制整体框架中，服务型政府人力资源绩效协同信息平台是硬件基础，它为“四大系统”与“一个模式”提供服务和运作支持。“四大系统”是服务型政府人力资源绩效协同机制的核心，通过协同机制内外的高层宏观定位和决策，在政府系统中通过协同机制采取一定的沟通策略，实现人力资源绩效管理的职能职责、管理业务和管理环节的确定，最终保证了服务型政府人力资源绩效协同机制的正常运行。总体来说，在这一模式中，服务型政府人力资源绩效管理组织协同系统是前提，服务型政府人力资源绩效管理决策层协同系统是保证，服务型

政府人力资源绩效管理运行层协同系统是重点，灵活多样的服务型政府人力资源绩效管理信息沟通协同系统是关键，服务型政府人力资源绩效协同信息平台是硬件基础，服务型政府人力资源绩效协同决策模式是形式。这几个部分相互配合与协作，共同发挥服务型政府人力资源绩效协同的功能。因此在进行绩效管理协同机制构建的过程中，只有将以上内容进行有机组合，才能保证服务型政府人力资源绩效协同机制的顺利运行，单单依靠某一部分或几个部分，则难以圆满完成人力资源绩效管理的任务，必须有机整合以上所有部分，形成一个良性循环的系统与整体，才能保障服务型政府人力资源绩效协同机制的运行。

三、服务型政府人力资源绩效协同机制的运行系统

（一）决策层协同系统

服务型政府人力资源绩效决策层协同系统，主要讨论的是如何通过适当的策略，协调协同机制内各职能部门的人力资源绩效管理决策，其主要作用在于建立并完善各种基本协同机制，提供一种高层的决策与协商机制，为人力资源绩效管理工作的决策及利益协同服务。

服务型政府人力资源绩效决策层协同系统是以政府内部各职能部门负责人牵头，以实现服务型政府系统内人力资源规划、人力资源绩效管理的重大问题决策、协同为功能定位，实现高度统筹的工作系统。具体来说，服务型政府人力资源绩效管理决策层应着重于制定政府内部人力资源绩效协同机制的战略目标和原则，维护政府内部人力资源绩效协同机制的稳定性，处理协同系统内的重大方向性问题、整体的协同、重大管理冲突消解等。

（二）运行层协同系统

运行层协同系统是指以政府人力资源绩效管理系统内各职能部门之间实现人力资源管理工作的运行协同为功能定位，通过规划、计划、实施和监督进行协同的工作系统。系统的运行准则与政府内部各职能部门之间相互作用，通过在执行规划、进行计划、实施和监督过程中形成的基本准则，既能够使协同机制内各职能部门达到一定期望水平而实现协同状态，又能够确保协同机制使整个协调系统按既定的规则、约束条件有效地运作。

在进行服务型政府人力资源绩效运行层协同系统的构建时，政府内部各职能部门在工作过程中必须遵循群体规范、资源分配、风险共担、约定俗成等联动的运行规则。根据经济社会发展的实际，要从以下几个方面着

手进行服务型政府人力资源绩效运行层的协调系统的建设。

一是要建立服务型政府人力资源绩效运行协同系统运行的宏观准则。它确立协同机制内各职能部门人力资源绩效管理运作的基本程序，制定各种联席会议召集规范、召集制度、召集内容等，建立协同机制内人力资源绩效管理工作沟通和冲突协同办法，对出现的各种矛盾和问题进行有效的调解等。

二是要建立服务型政府人力资源绩效运行协同系统运行的业务准则，规定和明确协同机制内各职能部门的人力资源绩效管理行为应符合的标准规范与通行惯例等。

三是要建立服务型政府人力资源绩效运行协同系统运行的工作准则，帮助协同机制内各职能部门将重心放在加强部门之间的协同沟通，并使矛盾或冲突显现化上，使公开和履行承诺成为共同的价值标准，在政府内部形成一致的人力资源绩效管理目标和价值取向，主要包括决策原则与程序、沟通规范和交互程序、信息沟通与共享机制、信用承诺与提供服务等。

（三）信息沟通协同系统

服务型政府人力资源绩效信息沟通协同系统具有多渠道、多层次的特点，其构成要素包括人力资源绩效管理工作信息的沟通理念、沟通政策、沟通内容、沟通渠道和沟通反馈等，其运作效率取决于信息沟通氛围、沟通制度、沟通策略与沟通技能的应用，以及服务型政府人力资源绩效协同信息平台的功能与建设。

服务型政府人力资源绩效信息沟通协同系统的构建要从系统内部的沟通理念、沟通政策、沟通内容、沟通渠道和沟通反馈等五项要素出发，结合经济政治发展实际，在服务型政府人力资源绩效管理模式改革战略目标的指导下逐步推进。

1. 加强沟通理念的建设

沟通理念代表了服务型政府人力资源绩效协同机制决策层对沟通的认知，在各种沟通理念的指导下，各管理主体逐步推进服务型政府人力资源绩效管理各项沟通活动的有序进行。政府人力资源绩效管理主体要不断加强沟通理念的建设，并善于将服务型政府人力资源绩效沟通理念通过各种沟通渠道传递给协同机制内各职能部门，促使其加深对于沟通理念的接受和理解程度，使其成为整个政府内部各职能部门的共识，保障沟通机制的有效运转。

2. 建立健全沟通政策

沟通政策是在沟通理念的指导下，为实现服务型政府人力资源绩效协同机制的沟通目标，提升人力资源绩效管理的实效性而制定的一系列沟通行动准则。要确保服务型政府人力资源绩效的沟通政策能够实现政府内部人力资源绩效协同系统的信息共享，同时，在制定沟通政策的细则时，要对相应的人力资源绩效的沟通内容、方式和渠道，以及反馈、倡导双向沟通等方面做出具体的规定。

3. 丰富信息沟通内容

沟通内容是指在沟通政策的指导下，在具体的人力资源绩效沟通活动中，选择什么沟通内容，通过什么方式和渠道沟通。政府在人力资源绩效管理的过程中，要始终将有关服务型政府人力资源绩效协同机制的运行状况等方面的信息作为沟通的主题，并在实践过程中不断加强沟通内容的针对性、双向性与动态性建设。

4. 选择有效的沟通渠道

沟通渠道是服务型政府人力资源绩效沟通机制运作的关键。任何一种沟通方式和途径都有它的特点、优势与不足。因此，政府在选择沟通方式和途径时要综合考量其建设服务型政府人力资源绩效协同机制的沟通目标、任务、对象等各项基本因素，选择有效的沟通渠道。

5. 加强沟通反馈的设计

沟通反馈的最终目标在于保证人力资源绩效管理信息传递的流畅性、完整性、真实性，它应包括协同机制内外各种因素或需求变化的反馈。要在政府内部各职能部门之间构建合作协议，明确规定人力资源绩效管理信息的收集、处理与传递的职责与责任机构，并保证决策机构能及时调整目标并了解有关信息，以对变化做出迅速的反应。

（四）组织协同系统

服务型政府人力资源绩效组织协同系统是指，服务型政府人力资源绩效协同机制在组建之初，就必须对人力资源管理部门与业务职能部门承担的工作角色进行协同，关键是要实现或推进协同机制内的人力资源绩效协管。要实现以上功能，就需要以人力资源绩效管理职能模块化、人力资源绩效管理业务流程模块化和业务职能部门的人力资源绩效功能模块化为前提条件，在此基础上就形成了一种网络化的服务型政府人力资源绩效组织协同系统。在这一协同系统中，各模块之间的有效衔接有利于汇总人力资源绩效管理工作任务、综合信息、最大限度地发挥优势、管理绩效、管理不确定的问题、管理资源等。

在构建这一系统的过程中，一方面，要将服务型政府人力资源绩效核心层定位于政府人力资源绩效管理最高决策层，着力解决政府内部人力资源绩效管理系统的模块分解问题及模块之间的协同问题，然后由政府内部相关职能部门分别承担不同功能模块或不同结构模块的处理。在这一过程中，政府人力资源绩效管理核心层以人力资源绩效管理的规划、决策等和构建协管机制为主要内容，而政府人力资源绩效管理专职部门和各职能部门则负责推进各模块的有效运行，并对决策层负责。另一方面，在这一机制中，规则的协同使整个人力资源绩效管理系统多而不散、多而不乱。这一规则是指在协同机制的组织结构构建和运行过程中，通过一定的组织衔接，使政府内部各部门、职能、业务能够在人力资源绩效管理的战略层实现控制战术层和执行层良好运行的一种制度，它分别由人力资源管理决策层、人力资源绩效管理专职部门与各职能部门负责人、人力资源绩效管理工作团队实施。这三个层次从高到低，形成了服务型政府人力资源绩效管理系统的网络结构，稳固了整个系统的组织结构。

第五节　服务型政府人力资源绩效协同决策模式构建

一、协同决策模式的含义

服务型政府人力资源绩效协同决策应该是一种集中与分布相结合的协同决策模式，即在政府内部，人力资源绩效管理的决策权是分布式的，但决策活动又是在合作中完成的。这是由于政府内部各职能部门是相对独立的主体，所以其在行动上不会自动地趋向一致，当涉及需要协同的人力资源绩效管理问题或冲突时，政府人力资源绩效管理又需要进行联合决策。服务型政府人力资源绩效协同决策模式是基于分散的群体决策和分布式决策的协同模式，这一模式要基于政府内部各职能部门利益诉求，利用协商及沟通机制实现共识，消除冲突，从而推进政府人力资源绩效管理的有序推进。

二、协同决策模式的运行程序

构建服务型政府人力资源绩效协同决策模式的实践，要通过以下五个阶段逐步推进。

（一）辨识问题，提出议题

通过政府内部建立人力资源管理的协同信息平台，由主管部门和业务部门共同搜集与人力资源管理问题有关的绩效管理信息，对各方没有达成一致的，或者存在矛盾或冲突的问题进行辨识，提出明确的人力资源绩效管理议题。辨别人力资源管理过程中出现的问题和现象，对各种问题和现象进行分析，对各种信息进行筛选、甄别和处理，发现人力资源绩效管理过程中的难点和重点，并就这些内容与各方进行协商，尽可能达成一致，并形成人力资源绩效管理的共同议题。

（二）角色反思与定位

人力资源绩效管理是一个复杂多变的过程，在这个过程中，可能会出现各种各样的问题，政府部门在这一过程中也会产生缺位、越位、失位等现象，组织内部人员也会因不了解或不熟悉而产生误解或疑惑。因此，通过组织政府职能部门、业务部门与人力资源管理部门之间进行互动沟通，交换彼此关于人力资源绩效管理的信息，协同政府职能部门反思其人力资源绩效管理中的不足，改变自身的认知，进行角色的重新定位，合理界定自身职能。

（三）形成备选方案

利用人力资源绩效管理的理论和知识，通过人力资源专业部门——各级公务员局与专家学者库，实现与被考核政府部门之间的信息、知识等资源的共享，推动有效的互动沟通与学习，形成解决人力资源绩效管理议题的备选方案。这一备选方案有利于加强人力资源绩效管理的推行，也可以有效提高政府部门的学习能力与服务水平，有效解决人力资源管理过程中出现的问题，妥善解决各种冲突。

（四）达成共识

在进行充分沟通与协调的基础上，通过相互协作与配合，形成共同认可的人力资源备选方案。同时，各政府职能部门在政府人力资源管理部门所设置的共同目标的情况下，根据各自的认知，对总体的战略目标和宏观任务进行分解，确定自己的人力资源绩效管理目标或任务，这一目标和任务更加具体与具有针对性，更符合各自的工作实践与实际情况，更有利于人力资源绩效管理目标和任务的实现。

（五）议题规则化

在政府内部各部门对协同的人力资源绩效管理议题进行分析时，将议题的解决过程和评价记录下来，形成程序化的协同过程，并将其作为未来同类议题的解决方案，从而实现政府人力资源绩效管理的运作准则，形成规范的政府人力资源绩效协同机制。

需要注意的是，这种协同决策模式应该是一个循环反馈的过程，在整个过程中，人力资源绩效管理议题解决的结果可以回溯到协同过程的前置环节，调整和改变当前运行中存在的问题，并能使产生的结果适应环境的动态变化。

三、协同信息平台构建

服务型政府人力资源绩效协同信息平台是建立在管理信息系统（management information system，MIS）和相关信息技术支持基础上的多层次信息支持平台，它是服务型政府人力资源绩效协同机制良好运行的技术基础。

服务型政府人力资源绩效协同信息平台应当是由包括决策层信息、运作层信息、信息交流层，以及技术支持层所组成的综合性、立体化的协同信息平台，其最终目标在于保证人力资源绩效管理信息协同功能的有效实现。首先，构建的服务型政府人力资源绩效协同信息平台是协同机制内的信息平台。其次，服务型政府人力资源绩效协同信息平台的建设要注意信息安全问题，要采取信息获取、上传和管理的分级制度。最后，服务型政府人力资源绩效协同信息平台要实现人力资源绩效管理事务处理功能、信息资源管理功能：一方面，在建设服务型政府人力资源绩效协同信息平台的过程中，政府内部各职能部门需要建设自己的部门内部网络，保证接口标准的兼容，既要实现部门内部信息交流，又要实现各职能部门之间的内部网络相互对接和信息自由互传；另一方面，要将需要保密的关键技术信息加密储存，从而在政府内部实现人力资源绩效协同机制沟通方式的规范化。

第四章
服务型政府人力资源绩效管理的改革路径

服务型政府人力资源绩效管理改革的路径是保证所构建的管理系统和运行机制有效运行的重要措施，其改革路径是通过人力资源管理业务流程的优化，奠定改革的基础建设；以职位分类再造，规范改革的标准；以人力资源价值链管理，实现改革的动态调整。

第一节　人力资源管理业务流程优化：基础建设的路径

按照服务型政府建设的要求，人力资源绩效管理改革的路径必须先打牢基础，即深化行政体制改革与管理系统的高度，对服务型政府中人力资源管理的业务流程进行规范、优化和完善。

一、服务型政府人力资源管理业务流程的含义

在转变政府职能的任务提出后，服务型政府业务流程改革对人力资源管理业务流程也提出了相应的改革要求。但是，在业务流程进行重新设计后，很可能出现政府工作人员难以迅速适应的情况，甚至可能造成不适应性而阻碍政府职能转变这一目标的实现。

（一）服务型政府人力资源管理业务流程变革的要求

首先，服务型政府人力资源业务流程再造要求管理者不仅是人力资源

管理专才，更应是通才。人力资源业务流程的重新设计和构建，要把诸多过细的业务流程重构整合，这就需要人力资源管理者能够掌握多项工作细节和技能。其次，人力资源业务流程再造要求政府人力资源管理部门摆脱事务性人事工作，进行高附加值的专业性人力资源管理工作。最后，服务型政府人力资源业务流程的变革还会带来权力的重新分配。各级部门的人力资源管理者应该得到更多的自主人力资源决策权力，因此，需要对政府部门人力资源管理者进行新的管理思想观念的灌输，加强他们对改革的认识和理解，从而降低实施新流程的风险。

据此，服务型政府人力资源业务流程改革必须把人力资源管理工作中常规性程序流程化、标准化，并通过信息技术，对人力资源管理业务流程进行再造，重新设计、构建人力资源管理的工作流程，使政府的人力资源管理部门从繁琐的一般性的事务性工作中解脱，并使其真正进行战略性、高附加值的人力资源管理工作。

（二）服务型政府人力资源管理业务流程的内涵

服务型政府人力资源业务流程再造的目的是，通过具体业务工作的变革，获得人力资源管理在效率、质量和服务等方面管理绩效的全面提高。我国政府人力资源管理由于长期受计划经济体制的束缚，人力资源管理部门实际上只承担人事管理的职能。面对政府职能转变与管理对象分类管理的变革，现有的人力资源管理业务流程的设置与政府人力资源管理职能配置方面就存在着严重阻碍人力资源绩效管理提高的缺陷。因此，再造政府人力资源管理业务流程不仅是体制创新的重要内容，也是提升政府绩效的有效途径。

服务型政府人力资源管理业务流程再造就是要明确政府服务的对象是以公众为中心，政府人力资源管理对象多元化和主体多元化的变革，改变过去存在的政府部门人事管理的思想和做法，通过明确社会和公众的需求，对政府部门人力资源管理的具体业务过程进行变革，通过明确责任和职责，专注人力资源管理的具体业务流程。政府人力资源管理机构的设置、管理主体的定位和职责确定，必须以人力资源管理业务流程为中心，改变传统的以事管人的做法。

以职能为中心的政府人力资源管理机构设置把政府人力资源管理业务流程人为地割裂开来，使人力资源管理业务流程固化在人事管理部门的职能中，而各部门的管理者和领导者则在实际职责上缺乏进行人力资源管理的职责。以人力资源管理业务流程为中心，就是要将单纯地面向职能管理的政府人力资源管理，转变为面向具体部门业务的人力资源管理业务流程管理的合作，使在政府部门中有关人力资源管理业务流程运作的职能部门发生横纵关系，减少不必要的人力资源管理环节，使政府人力资源管理的具体业务顺畅、快捷，提高其绩效。

政府人力资源管理业务流程再造要注重从系统视角思考，以人力资源管理整体流程最优为目标，设计和优化流程中的管理环节，减少无效工作与环节，使重组后的业务流程能够高效、有序、顺畅地进行人力资源配置，提升人力资源绩效管理。

总之，服务型政府人力资源业务流程再造作为行政管理体制中的组成部分，必定会与其他政府部门产生联系，它的作用要通过政府人力资源管理部门、政府职能部门相互作用、相互配合而产生。

二、服务型政府人力资源管理业务流程再造的原则

基于前文所述问题，服务型政府人力资源绩效管理必须首先进行人力资源管理业务流程再造，从而实现以价值链为工具的绩效资源配置。鉴于人力资源管理业务流程再造是一个成熟的理论，在此不再赘述相关理论，只阐述服务型政府人力资源管理业务流程再造要遵循的基本原则。

（一）业务流程再造要以绩效管理为动力

服务型政府的人力资源管理业务流程是能够为管理对象创造价值的一个生产链条。这一价值生产包含了人力资源管理的增值活动和辅助活动。人力资源管理的增值活动能够为政府人力资源队伍建设带来素质、技能和结构等方面的内部价值增值，也能够间接为政府的对外社会价值带来外在增值，如政府宏观调控能力提升、公信力提升。而辅助活动却仅消耗人力资源管理的资源，不能带来直接价值。因此，服务型政府的人力资源管理业务流程再造要以绩效管理为动力，在业务价值链有效运转的前提下，识别并量化各环节，确保关键人力资源管理的资源能够被配置到增值活动上，加强对关键环节的再设计，以及对辅助环节的简化与合并。

（二）业务流程再造要以完整性为核心

服务型政府的高绩效与高效益绝不是某一个公务人员个体的贡献，它一定是来源于人力资源管理业务流程的整个环节的有机组合为其构建的一支优秀的公务人员队伍。因此，政府人力资源管理的绩效资源配置不仅要覆盖每个人力资源管理业务环节，尤其是增值环节，更重要的是，必须保证各环节之间的人力资源管理业务的有效衔接。只有这样，才能实现人力资源管理业务流程的协调性。

（三）业务流程再造要以动态为前提

对于服务型政府而言，虽然工作对象与职责是固化的，但是工作内容、工作任务会随着服务对象、环境和各种条件因素的变化而变化。例如，某些旧有的工作内容会随着法律、法规的变化而失去其存在的基础。

三、传统政府的人力资源管理业务流程的问题

在明确了服务型政府关键价值目标指标的基础上，在其人力资源绩效管理的实践活动中，必须保证有相关的可用资源。而在传统型政府的人力资源绩效管理中，关于绩效资源的配置，存在着许多问题。

（一）与政府的工作行为、业务流程的价值活动相结合

传统型政府人力资源培训资金、物质资源的投入目标不是以服务能力的价值提升为导向的，而是以具体的阶段性工作目标为导向的，导致政府的日常行政行为、一次性行政行为消耗了大量的资金；机关部门事务的管理则更加注重行为成本的问题，而不够注重行政行为高效与行政效率的“双效”价值的增加。实际上，在服务型政府中，“双效”的提升正是在每一位公务人员具备岗位核心胜任力及可持续发展潜力的基础上实现的。

（二）传统型政府不能有效地运行

如果缺乏信息平台，那么政府部门的业务流程中各环节的资金、物质资源使用系统都是独立体，或是虽有信息系统，但是各环节的信息系统交流渠道存在问题。这些都会使传统型政府人力资源绩效管理信息难以实现高度集成，导致绩效资源管理不能及时更新和调配，对人力资源绩效管理的准确性和效率影响很大。

四、人力资源管理业务流程再造的价值

要有效推进并发挥政府人力资源绩效管理对队伍建设的作用，就必须大力推进人力资源管理业务流程再造的改革。在政府职能转变和多元化社会的条件下，无论是政府内部的管理业务，还是面向社会的公共服务领域，其变化的形式都呈现出多样性，这就给政府的内部管理和社会治理提出了重大的挑战。面对这一挑战，政府人力资源管理必须通过改革，使政府系统内的工作人员能够顺应转变。这就需要通过人力资源管理业务流程再造，对传统政府的人力资源管理模式、业务模式和服务模式进行根本性、变革性的再设计，并通过制度化将其固化。

政府人力资源管理业务流程再造是系统和综合的提高政府部门人力资源绩效管理的技术。它的再造必须以业务工作的下游岗位主持人，或者人力资源管理的直接对象为中心，要关注政府部门内人力资源队伍中的各类群体。要明确地解答被管理者在业务工作中的需要是什么；通过人力资源管理业务流程再造，组织的人力资源管理能够实现什么效果；被管理者会受到什么影响；以及再造过程中可能发生的各类障碍等问题。

政府人力资源管理业务流程再造是通过优化政府人力资源管理的主体系统，打破管理多元主体条块分割的体制，以及人力资源主管部门和职能部门之间在人力资源管理权利之间的界限，来实现政府人力资源的网络协同管理，使那些人力资源管理职责归位不清、权责不一致，以及权责分离的人力资源管理部门和职能部门进行业务再造，使其有效整合在一起的一项工作。政府人力资源管理业务流程再造追求的是通过对人力资源队伍的有效配置，实现政府人力资源绩效管理的显著提高。因此，政府人力资源管理业务流程再造，就一定会打破现有的较为僵化的人力资源管理体系，破解在人力资源管理中的制度性障碍，为服务型政府建设打好基础。

五、人力资源管理业务流程的优化内容

中国共产党第十九次全国代表大会做出了“深化机构和行政体制改革”的重要指示，因此，新时代行政管理体制改革和政府职能转变内含着一个重要的理念，即要确立以制度创新为目标的服务型政府的结构与流程再造的理念。在此基础上，服务型政府人力资源业务流程再造或变革的一个大的突破，就是要变革以往根据职能来进行的人力资源业务流程管理，要改变以事管人的观念和流程。

（一）转变人力资源管理业务流程设计理念

要使政府人力资源绩效管理实现从对单纯的事务管理、控制，向对人的价值发挥的转变，在管理观念和思路上，就要完成从以事管人、单一管理主体向价值管理和服务管理的转变。在传统的政府人力资源管理体制中，人事部门是政府人力资源直接配置的职责部门，负责在党委组织部的领导下，进行政府人力资源管理的各项工作。随着公共部门管理现代化的进程，以及服务型政府的建设，我们逐步认识到，政府人力资源管理不只是人事部门的职责，传统的人事部门也演变成为人力资源部门。但是从实践上来看，这种转变还不够完善，随着人力资源管理体系的科学化，以岗管人、人岗匹配的理念逐步树立，通过人力资源管理部门和各职能部门管理者共

同依据岗位管理的需求来进行人力资源配置的要求逐步加大，在人力资源管理部门和职能部门的管理者共同成为管理主体之后，政府人力资源管理就面临着从以事管人、单一管理主体向价值管理和服务管理转变。在这种转变中，人力资源管理部门能否正确认识和变革自身的权利剥离，以及如何实现有关权利剥离，并将其赋予各职能部门管理者，就是政府人力资源管理业务流程变革的重要内容。

（二）人力资源管理的权力还原与多元权力的结构再造

政府人力资源管理部门的业务流程再造必然包括将相应的业务流程和管理权力还原给各职能部门管理者。但是权力作为最大的资源，就决定了政府人力资源管理业务流程再造的核心也应围绕如何对人力资源管理权力进行有效、合理的配置进行。

人力资源管理的权力还原改革是建立在多元管理主体的基础上的。现代政府的人力资源管理权力是建立在多元化基础上的，以人力资源管理部门和各职能部门相互依赖、相互制衡的权利结构。从宏观配置的角度来看，政府人力资源管理的权力主要由三部分组成：以组织权为核心的人力资源管理部门的统筹权；以使用权为核心的各职能部门的直接管理权；以为职业发展为核心的人力资源个体的自我发展权。

政府人力资源管理的三类权力，分属于三个不同主体，即人力资源管理部门、政府职能部门、个人。统筹权是建立在政府职能转变的基础之上的。中国共产党第十八届中央委员会第三次全体会议的《中共中央关于全面深化改革若干重大问题的决定》在转变政府职能必须深化机构改革的任务中指出，要通过优化政府机构设置、职能配置、工作流程，建立决策权、执行权、监督权既相互制约又相互协调的行政运行机制。

以使用权为核心的各职能部门的直接管理权，是指各职能部门是政府人力资源的直接使用者、配置者，因此各职能部门的管理者在本部门内要以人岗匹配为最终目标，结合岗位目标管理，对岗位上的主持人有直接的如、选拔、培训、调配和绩效的管理权力。通过管理权的使用，实现对人力资源的绩效管理，突出责任落实，确保权责一致。

以职业发展为核心的人力资源个体的自我发展权，是指在岗位上的人力资源个体具有依据部门的发展目标，岗位设置的职责体系，通过对自身的评价和价值的再造，设计并管理自身职业发展路径的权利。但是这一权利的使用一定要紧密结合自身所在部门与所主持岗位的性质的限定。

在现代服务型政府的人力资源管理权力结构再构的过程中，政府人力资源管理者、各职能部门管理者和人力资源个体都处在这一改革的中心位置。只有真正实现了三种权力的定位和归位，才能实现服务型政府人力资源管理业务流程再造的基础内容。

（三）人力资源管理的权力下移的再造

经过对人力资源管理的权力改革，明确了政府人力资源管理部门和职能部门在人力资源管理者的定位之后，就必须建立一套政府系统内部的人力资源管理的权力结构体系。现行的政府人力资源管理体系存在着以下问题：一是人力资源管理的权利高度集中在党委组织部门和人力资源管理部门，导致了用人部门的管理者缺乏管理权力，这样极可能产生选人、用人的权力腐败，也可能因专业领域的知识不足造成选人的效率低下；二是自上而下的人力资源管理系统抑制了基层职能部门管理层对人力资源管理创新的积极性。因此，要解决政府人力资源管理系统权力结构的问题，必须进行人力资源管理权力下移的再造。

人力资源管理权力下移再造的改革内容需要从以下两个方面开展：一是要顺应政府职能转变的改革要求，对人力资源管理的权力进行自上而下的权力下移改革，提高各级政府职能部门人力资源管理的自主权，并强化其职责的定位；二是在人力资源管理权力下移的基础上，对人力资源管理的层级进行改革，尽量减少管理环节在各级政府部门之间的往复传递。例如，在招聘环节中，建立以职能部门为决策主体，人力资源管理部门为组织者、技术保障者，党委组织部为监督者的体系，建立有利于人力资源管理高效的管理体系。基于以上改革，实现并强化基于基层部门面向职能部门人力资源需求和职能的人力资源管理体系，弱化诸事必管的从上往下的控制机制，从而实现人力资源管理权力在不同层级和不同部门之间相对独立、相互补充与协调的管理系统。

（四）人力资源管理权力制衡再造

人力资源管理权力下移再造解决了纵向的人力资源配置的问题，为了防止职能部门利用专业性领域内的问题，独断控制人力资源管理的环节，或者人力资源管理部门利用技术垄断的手段干扰职能部门的人力资源管理，就需要建立政府人力资源管理权力制衡机制来解决这一系列问题。

要规范政府人力资源管理中的决策权、执行权、监督权的结构，按照权力制衡的要求，形成三权之间的自动制衡。首先，将人力资源管理权力进行解构。对于决策权和执行权来说，无法将其单独地归位于人力资源管理部门或职能部门管理者，因为在人力资源管理的实践中，决策权和执行权应该是由不同主体共同拥有的，其权利的分配要有权重的衡量。例如，对于政府人力资源的招聘和录用来说，人力资源管理部门具有对候选人资格审查的决策权，但是对业务知识和技能水平判定的决策权则应该属于职能部门管理者。因此，要科学地界定不同的管理主体在决策权和执行权上的边界。其次，强化政府人力资源管理监督权的主体定位。由于政府人力资源管理部门和职能部门管理者已经成为人力资源管理的主体，拥有了决策权和执行权，所以监督权应该是预期剥离的。在我国的政府体制中，人力资源管理的监督权应该明确定位在各级编制委员会及其办公机构，以及各级监察部门，由编制管理机构对人力资源管理中不符合职位分类和职位管理的部分进行监督，由各级监察部门对用人中的决策和执行问题进行监督。这样就摆脱了以往各种权力高度集中，无法相互制衡和监督的现实问题。

（五）权力规范与公开、透明的权力运行程序再造

在人力资源管理的权力结构配置合理的前提下，要保证人力资源管理部门和各职能部门管理者的管理权力在整个人力资源管理业务流程中有效行使，必须依据公开、公正、透明的原则，确定服务型政府人力资源业务流程规范的改革，并在其中确定每个流程环节上的权力内容和主体。特别是在每个具体的管理环节权力上，其权力运行程序化和规范化，是当前我国政府人力资源管理体系中缺乏的。

权力规范与公开、透明的权力运行程序再造的意义还在于，在政府管理体系中，它是一种人力资源管理的革命，必定会遇到各种来自政府内部的阻力。现有的人力资源管理体制的因素、人的因素及旧传统的行政文化，必然会影响政府人力资源管理业务流程再造的程度，并很可能成为障碍。因此通过在人力资源管理中变革人力资源管理业务流程，并将其权力进行规范的改革，对于实践中的各种权力、对人力资源的配置关系和管理的程序所产生的一些冲突与矛盾、障碍，就能够有一定的化解，从而使人力资源管理业务流程的变革真正实现人力资源管理的效率提高和服务质量提高，提升人力资源绩效管理的效果。

第二节 职位分类再造：规范标准的路径

对政府公务人员进行分类是政府人力资源管理的一项基础性工作，随着专业技术类、行政执法类和外聘人员三支队伍的规范建设，对三支队伍成员按照其官阶或工作性质、工作责任、工作环境等职位等因素进行分类，

设定等级，为绩效管理的分级、分类管理提供了理论依据与实践支撑。但是，在构建服务型政府的过程中，传统的职位分类制度也暴露出了分类简单、科学性低、规范性差等弊端，因此，在进行服务型政府人力资源绩效管理模式改革的实践中，有必要对各类人力资源进行职岗分类再造，有效规范职位分类的实施程序，科学划分岗位种类，完善职位说明书，实现因事设岗、因岗择人的优化整合，规范政府公务人员价值创造活动，切实保障人力资源价值的实现，将职位分类制度落到实处。

一、职位分类的理论基础

建设服务型政府的关键是转变职能，而职能的科学设置与高效实施正是人力资源绩效管理的关键所在，职能的对应则是职位与岗位。但是，当前我国政府部门对于在公共行政部门中的具体职位和岗位只有大的框架的界定，相比于其他国家的现代政府人力资源管理的职位分类管理还有很大的差距。因此，梳理和明晰职位分类的理论基础，对于构建完善的服务型政府人力资源绩效管理体系具有重要的理论意义。

职位分类的起源国为美国。《美国职位名称词典》包含了大约在公共部门中大约 2 万多种工作标准及其综合性的描述。该词典以事为中心，强调因事设岗、以位择人、人位相符、同工同酬。职位依据职位的工作性质、责任轻重、难易程度与所需资格条件等四个基本要素分类。该词典的主要内容有：职能分解、职位调查、职位评价、职位设置、拟定职位说明书、人员选配、确定职务和级别。

职位分类的理论和实践发展起源于泰罗的“时间动作研究”，即通过对工作的分析，将各种工作活动的时间及其顺序重新进行规划，从而制定出标准化的工作程序与方法，以达到提高生产效率，科学确定劳动定额与工资报酬的目标，以及管理效率的最大化。在泰罗之后，明斯特伯格与吉尔布雷思夫妇又遵循泰罗的研究轨迹，在传统工业领域的职位分析领域做出了重要的贡献。但是他们的研究只是职位分析的起源，还未真正将职位与具体的工作区分开来。

随着社会的发展，将工人单纯当作劳动工具的泰罗时期一去不复返，公平管理在美国的企业和各类组织中受到员工的认同与重视，并对员工满意度、组织承诺与工作绩效产生了巨大的影响。因此，职位分析逐步成为一种具体的人力资源管理的手段和工具，更多的组织将职位分析与招聘、培训、考核、薪酬等一系列的人力资源管理政策和制度结合，为组织成员在观念上和薪酬上带来了公平。

随着职位分析的逐步成熟，职位分析通过明确职位的工作目标、职责权限与任职资格，对人力资源的职业规范和职业意识的塑造起到了关键的作用。特别是美国国家就业局下成立了职位分析调查司，通过调查与研究，形成了《美国职位名称词典》，为职业规范建立了重要的标准，成为职位分析发展史上的重要里程碑。

当前，学术界对于职位分析内涵的较为统一的认识认为，职位分类是指通过一定方法对工作信息进行收集和分析，进而对组织各个职务的设置目的、性质、职责、权限和隶属关系、工作条件和工作环境、工作的上下左右的关系，以及承担该项工作应该具备的资格条件等进行分析和研究，并制定出相关人力资源管理资料和文件的过程。

二、我国政府部门职位分类的含义

在我国，政府部门中的职位设置严格遵循了以下标准。第一，以事设职，而不会因人设职。也就是说，先有职位，再根据职位的要求，选拔合适的职位主持人。如果一时难以选拔到合适的人员，职位则会空缺主持人，但是职位本身不会被取消。同时，当职位主持人不再适合该职位时，其应该离开职务，但是职位不会因为主持人的离开而被取消。第二，每个政府部门的职位是有限的。职位的数量要根据政府部门承担的职能、工作量及行政经费等多种因素确定，并由此对其编制数量进行固化。第三，职位要有具体的构成要素。具体来说，职位的构成要素包括了职位名称、工作任务、职位责任和任职条件。

在我国，政府部门的职位分类的实施，是按政府工作人员所在的职位性质和具体的工作内容，将其划分为不同的部门、职组和职系，之后，对各职系所属的职位依据职责的轻重、工作任务的难易和任职所需的资格条件，划分为从高到低的职级，并在此基础上进行级别列等。因此，职位分类为政府部门人力资源管理的招聘、选拔录用、培训、考核奖惩、薪酬政策等各项管理环节提供了依据。

从实践上来看，我国在 1993 年制定的《国家公务员暂行条例》从法规上建立了公务员职位分类制度，但是这一法规只是从职位设置来规定的，并没有对公务员的职位进行具体的划分和归类。2006 年，《中华人民共和国公务员法》正式颁布，该法将公务员的职位划分为综合管理类、专业技术类和行政执法类，并对不同职位类别分别设置了职务序列，改变了单一的职务设置，为政府人力资源管理提供了法律依据。

但是，随着我国服务型政府的建设进程，面对政府职能转变，政府人力资源管理也必须进一步改革。因此，中国共产党第十八届中央委员会第三次全体会议在《中共中央关于全面深化改革若干重大问题的决定》中明确指出，要深化公务员分类改革，推行公务员职务与职级并行，职级与待遇挂钩制度，加快建设三支队伍及其管理制度，即专业技术类、行政执法类和外聘人员及其管理制度。面对这一重大改革，我国政府部门职位分类的理论研究与实践都必须发现问题，并结合改革要求进行探索。

三、政府职能转变对职位分析的挑战

要实现在中国共产党第十八届中央委员会第三次全体会议《中共中央关于全面深化改革若干重大问题的决定》提出的政府职能转变的改革任务，政府必须深化机构改革，优化其机构设置、职能配置、工作流程。要对政府人力资源管理进行基础性改革，而这一改革的基础就是现代人力资源管理的基石——职位分析。但是，面对新的改革要求，政府部门的职位分析也需面对一些重要的变革。

特别是服务型政府所带来的人力资源管理的挑战，要求人力资源管理者将政府公务人员从僵化的执行者转变为在服务型政府建设中能够做出价值创造的主体，因此，现代化的职位分析和职位分类再造就可以通过对岗位、职位赋予新的内涵和职责，将人力资源激活，真正实现具有高价值创造的人力资源绩效管理。

（一）对职位分析本身提出的挑战

随着服务型政府建设的深入，政府部门中的职位变化将由于公务人员三种队伍结构的变化，以及政府职能转变等改革的进行，对原有的职位及其分类产生重大的影响。

1. 职位本身的变化呈现多元化

职位分析的对象是职位本身，其研究的基础是职位的内容具有确定性，并呈现固化的特性。而职位说明书是职位中确定性的内容以规范化、标准化的形式被固化和描述的文件。但是，随着服务型政府的具体工作本身从传统的、较为僵化的确定性政府工作向以社会和人民群众需求为目标的，具有变革的方向转变，从官僚性、重复性向创新性转变，服务型政府中的职位内容的改革、变革程度将增加，对政府部门现有的较为粗犷的职位说明书的编制和确定就更加困难。面对这一变革，服务型政府的职位分析将面临严峻的挑战。

2. 服务性更加强化的职位范围

职位分析是通过分析工作之间的内在差异，从而发现职位之间在目标和职责上的不同。因此，传统政府中的职位分析较为简便，目前政府部门中所制定的职位说明书都只是一个简单的职责说明。同时，现实中的职责不清和边界不明造成了很多政府职能归责不清，甚至出现职责重复或空白。

随着服务型政府建设进程的深入，政府工作将从传统的管制、约束型工作转变为服务型工作。由于服务对象需求的多元化和多层性，政府工作也将从重复性向创新性转变。

服务型政府中的人力资源绩效管理要求人力资源管理者能够打破人力资源管理部门和职能部门、职能部门与职能部门组织之间的政府体系内部的本位主义及局限视野，激发政府工作人员的创新能力与服务意识。这就需要政府部门中各类职位的范围必须进行变革，甚至有些是传统的政府职位设置中从来没有的。这样，确定职位中具体的工作内容，以前那些工作内容将剥离，等等问题，将成为服务型政府人力资源管理中的新难题。

3. 团队工作和项目工作取代传统的个人职位

在服务型政府的建设中，特别是在政府职能转变的进程中，传统政府中所设置的“个人负责一摊”的个人工作将逐步减少。面对社会需求和人民群众对公共服务的需求，很少有工作是政府中单独的公务人员所能承担和完成的。例如，向社会购买公共服务等专业性的工作，就需要具有商业头脑、工商管理等知识的团队来完成。因此，服务型政府中必然会实现从职能型工作向项目型、团队型工作转变的过程。在这个过程中，公务人员对服务型政府的贡献不是某一个人的工作成果，而是其所在部门或团队的整体业绩。这种状况就会造成在人力资源绩效管理的过程中，由于工作的交叉与职能的互动，职位分析将比较难以对每个个体进行精准的分析研究。

（二）对传统政府部门职位分析方法所提出的挑战

一是传统的职位分析方法难以收集有效的职位的信息。在政府职能转变的进程中，将会有很多新的职位出现，也必然会有很多原有的职位被剥离职责或者再造。这就对传统的职位分析造成了较大的困难。传统的职位分析通过观察法、访谈法和问卷法等方法，对职位主持人的工作行为特征和任职资格的信息进行收集，并归纳提炼出相应的标准。但是，面对服务型政府中新的改革和变化，以及职位的分类和内涵的变化，这些方法将难以有效收集到职位的本质、核心的信息。

二是业务条块分割阻碍了职位分析的信息来源。当前，在政府职能部门中，业务的条块分割使得职能部门之间、职位之间存在着沟通与交流的制度性障碍。而服务型政府要求权力下放、岗位合作与协调，要求职位所在的业务流程的上下游环节都成为职位分析的信息源，实现对该职位信息的全面信息收集与判断。因此，对于人力资源管理者来说，传统的职位分析就难以适应这一变化。

四、服务型政府中职位分类的变革要求

政府职能转变中出现的这些新变化，对政府部门的职位分析提出了挑战，要真正做好专业技术类、行政执法类和外聘人员三支队伍的职位分析与分类，就必须探索适合政府部门人力资源管理特点的职位分析。

（一）完善职位说明书系统

当前，在我国政府系统内，对于不同职位的职位说明书还基本上是一个空白，特别是在专业技术类、行政执法类和外聘人员的三支人力资源队伍的建设中，如果缺乏了职位说明书系统的基础建设，那么这一项人力资源管理的改革将难以有效开展。因此，构建适合服务型政府建设中诸多改革任务的职位说明书系统是职位分类变革的首要工作。

无论组织如何变革，职位如何发展，都必须包含三个基本要素，或者说三个主体层次，即职位目标、职责与职位任务。这三者共同构成了一个较为稳定，但能够根据发展要求从幅度上变革的结构。因此，无论职位如何变化，或者产生不确定性变革，都可以从此结构上来进行调整，实现职位的稳定。

面对服务型政府的变革，政府的职位分类和职位分析走向了定量化与个性化的发展道路。例如，对于专业技术类和行政执法类的职位分析与职位分类，就需要以现代心理学的知识和理论，结合统计科学的技术，对这些产生重大变革的职位进行大量的定量化的分析，设计和创新一系列科学的职位分析方法，提高专业技术类和行政执法类职位分析的效度与信度，精准确定其职位的目标、职责、任务和任职资格，为政府人力资源选拔等提供科学的标准，避免当前所存在的人岗不匹配的普遍情况。

同时，对于外聘人员来说，由于其在政府部门中的特殊性，其职位分析必然和专业技术类与行政执法类有根本性的区别。所以，政府人力资源管理必须向企业人力资源管理学习，针对必须外聘人员的特殊职位的职位说明书进行个性化设计，真正实现职位说明书与政府的外聘人员的人力资源管理机制密切结合。

就目前的政府部门中的职位说明书的现实状况来看，除了缺乏科学规

范的基本模式以外，现有的较为粗糙的职位说明书还存在着职位职责界定不符合服务型政府建设的战略导向的问题，职责的描述要么过细，要么太空洞，且规范不足，尤其缺乏业绩标准、任职资格等重要内容。

因此，通过服务型政府中不同职位的核心、稳定的部分，建立科学、合理的标准化与规范化的职位说明书体系是服务型政府人力资源绩效管理的基础要求。

（二）强化职位分析的支持体系

当前，政府职位分析的薄弱点，以及缺乏标准、规范的职位说明书的根源在于，职位分析的支持体系还没有建立起来。

第一，缺乏职业化的职位分析队伍。我国政府的人力资源管理部门的成员主要为各级党委组织部、人力资源与社会保障部门及各级机构编制委员会办公室中的相关部门和人员。但是就目前的实际情况来看，现有的政府人力资源管理者中还没有专业的职位分析工作人员。有的人力资源管理部门的专职管理者、职能部门的管理者和具体的工作人员，在职业管理方面的基本知识和技能还有待提高。这样就造成了政府部门的职位说明书体系无法建立起来。

第二，缺乏人力资源管理技术和支持平台。大多数政府部门的人力资源管理，实际上还停留在传统人事管理的阶段，特别是政府人力资源管理部门和职能部门的管理者更多地被具体的人事行政事务所困束。由于受传统的政府行政管理模式的影响，专职的人力资源管理部门基本上没有建立起可以支撑服务型政府建设的人力资源管理的技术平台与工具库，就更谈不上为职能部门管理者提供专门的管理技术支持和工具使用指导，而在这些技术和工具中，对于建设服务型政府和进行政府职能转变的改革来说，首先要满足的就是职位变革的需要，而与这一需要相对应的就是职位分析与职位说明书的编制。

因此，建立包括职位分析在内的政府人力资源管理的技术支持体系就是一项重要且必须尽快开展的工作。

五、构建基于职位素质模型的职位分类系统

要科学构建服务型政府职位分类系统，就要按照人力资源管理的专业途径开展，具体内容如下。

（一）建立分层分类的职位说明书体系

根据服务型政府人力资源改革的要求，针对专业技术类、行政执法类

和外聘人员三支队伍的不同，应该建立不同层级、不同类别的职位说明书体系。要充分体现出三种不同类别的职位本身的确定性因素和不确定性因素，以及其各自的差异性。因此，需要根据职位类型的差异来建立分层分类的职位说明书，如图 4-1 所示。

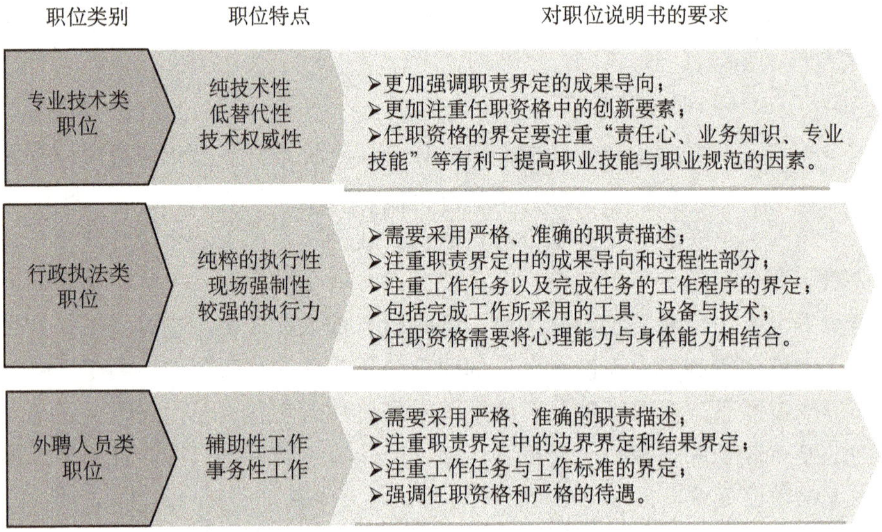

图 4-1 服务型政府三种分类的职位说明书的特点与要求

但是，无论涉及哪一种类型的职位，其职位说明书都必须包含基本的规范性要素。具体要素构成如下分为两个部分，即该岗位的职责和任职资格条件。职位说明书应包括下列内容。

（1）职位名称。

（2）职位代码，指每一职位的代表号码。

（3）工作项目，指按照工作职责列出职位应承担的全部工作项目。

（4）工作概述，指按照工作项目简要说明工作的内容、程序、职责及权限。

（5）所需知识和能力，指完成本职位工作所需的学识、才能、技术和经验。

（6）转任和升迁的方向。

（7）工作标准，指每个工作项目所应达到的质量和数量的基本标准。

在职位说明书的管理中，还需要对其进行动态管理。也就是说，在服务型政府的建设过程中，要依据政府职能转变的推进，在一定时期内对以确定的职位说明书根据部门职能转变的要求，对职位说明书进行更新。

（二）建立交叉互动的职位分析技术体系

职位分析是职位分类的基础，也是实现职位分类的技术和方法。但是，当前我国在人力资源管理领域使用的职位分析技术和方法，如观察法中的直接观察法、阶段观察法和工作表演法；问卷调查法中的职位分析调查问卷 PAQ、职业分析问卷 OAQ；以及面谈法、行为锚定法、工作日志法、专家讨论法等诸多方法，都被单一地作为一种分析工具来使用，且主要是在企业中被广泛使用。

由于早期的政府人力资源管理没有以职位分析技术为工具规范的开展职位分析工作，所以，在当前服务型政府和政府职能转变的改革中，对于政府公务人员队伍结构和职位的新变化来说，建立一种科学有效的职位分析技术体系就更加重要。这种职位分析技术体系不仅能够有效收集职位本身及其主持人的信息，还能够以业务流程为依据和基础，对业务的上下游和上级职位的信息有效收集。同时，对于那些直接为社会和人民群众提供公共服务的职位，还应收集与外部的信息。因此就必须建立以业务流程为基础、以公共服务和内部业务为核心的，交叉互动的职位分析技术体系，即在对具体的职位进行分析时，树立业务流程观念，以职位的具体特点和设置要求，上级职位、同级职位的关系，以及职位与业务流程上下游职位的衔接关系为根据，以现有的职位分析方法为基础，组合各种具体的分析方法，除了有效收集职位本身的信息和各种关系中的信息外，还应将职位在业务流程中所处环节的上下游环节对其期望转化为该职位的目标、任务和职责，从而实现服务型政府服务为本的理念。

（三）构建职位素质模型

职位分析是确定职位内容与任职资格的分析过程，针对目前我国政府职位分析的现实，进行职位素质模型构建完善的职位分类体系的基础工作，也是检验职位分析准确性和科学性的依据。针对服务型政府的职位分析，其思路如下。

1. 职位素质模型构建的前期

政府部门的职位素质模型的构建是专业性很强的工作，其前期准备工作包括了构建主体的确定、全员动员和系统调研。对于主体的构建，可以成立以政府人力资源管理部门、职能部门管理者、人力资源管理专家及职位代表为主的构建主体。职能部门内的全员动员包括两个部分：一是增强部门管理者对建立职位素质模型的认识和相关技能的培训；二是加深各职位主持人关于职位素质模型的认识，使其明白这项工作是针对职位的，而非针对个人的一项管理工作。系统调研的内容是找出建设服务型政府的关键部门和关键岗位。

2. 建立各职能部门的职位素质词典

职位素质词典就是在建设服务型政府和政府职能转变的过程中，将各职位所需的核心素质综合归纳起来而形成的一个规范性、整体性文本。职位素质模型要以必备的素质分级为基础，确保不同职位之间的素质具有可比性。

职位素质词典的建立有两个环节：一是明确服务型政府必备的基本素质；二是对基本素质进行分级。对于服务型政府中的不同职位，由于其类型的不同，具体的素质内容是不一样的，但是其基本素质的确定，可以按照《中华人民共和国公务员法》所规定的“德、能、勤、绩、廉”及改革的要求，确定为职业道德、专业知识、专业技能、勤政为民、依法行政、清正廉洁、创新能力等主要要素。我们可以发现，在这些职位素质中，很多是隐形素质，因此就需要对其进行分级。可以根据隐形素质预期产生的结果和实际产生的结果，发现优秀的职位主持人和其他基本合格的主持人在这些隐形素质所主导的思想与工作行为的差异，对其定义并分级，最终完成职位素质词典的编制。

3. 职位素质类别、层次的确定

职位素质类别、层次的确定是职位素质模型构建的核心内容，其步骤如下。

首先，明确职位在职类中的序列和层级。对于公务人员改革来说，要确定该职位属于专业技术类、行政执法类和外聘类中的哪个类别。在此基础上要确定该职位在其类别中的层次，即高层、中层、基层、执行层或业务层。

其次，要明确职位绩效标准，即该职位在公务或公共服务过程中的规范性要求，以及在结果上应达到的数量或质量的基本标准。这个标准不是越高越好，而是作为合适的职位主持人，都能够达到的。

最后，要明确职位素质样本的评价与素质构成的确定。在确定职位绩效标准后，可以选择绩优组和一般组，将两组该职位作为对照组进行评价，找出具体是什么素质导致了对比样本组之间的差异，并提炼出绩优组在工作中的素质，最终确定职位素质的类别和层级，完成构建职位素质模型。

第三节　人力资源价值链管理：动态调控的路径

作为服务型政府，政府人力资源绩效管理的目标在于可持续的行政能力的提升，这种提升不应是基于GDP等硬件指标的增长，而是基于各级政府部门价值创造的持续增长，最为根本的是基于人民对各级政府部门“满意度”的持续增长。在传统管制型政府的人力资源绩效管理中，对价值创造强调得不够，人民满意度不高，而建设人民满意的服务型政府的首要任务则是在政府内部树立从上到下的为社会发展而服务、为人民美好生活而服务的价值观念。为了改变现有的不足状况，在进行服务型政府人力资源绩效管理模式改革的实践中，应强调将价值创造界定为服务型政府每一个成员的首要责任，即要求各级政府部门的直接管理者运用价值管理理论对每项工作、每个岗位进行价值分析。

一、人力资源价值链的源起

价值链理论由迈克尔·波特于1985年在《竞争优势》一书中首次提出。波特认为，“每一个企业都是在设计、生产、销售、发送和辅助其产品的过程中进行种种活动的集合体。所有这些活动可以用一个价值链来表明”。企业的价值创造是由设计、生产、销售等一系列活动构成的。价值链理论在当今管理理论发展的过程中，一直发挥着重要作用。

价值链被波特视为判定竞争优势的基本工具。波特的“价值链”理论揭示，企业之间的相互竞争并非只是某一个环节的竞争，而是整个价值链的竞争，因此，整个价值链的综合竞争力决定企业的竞争力。用波特的话来说：“消费者心目中的价值由一连串企业内部物质与技术上的具体活动与利润所构成，当你和其他企业竞争时，其实是内部多项活动在进行竞争，而不是某一项活动的竞争。”因为每个活动都创造价值，所以波特把这些活动称为价值创造活动。波特把价值创造活动被分为基本活动（含生产、营销、运输和售后服务等）和支持性活动（含原材料供应、技术、人力资源和财务等），这些活动在公司价值创造过程中相互联系，构成公司价值创造的行为链条，这一链条即公司内的价值链。

1995年，研究战略人力资源管理的学者德尔和瑞维斯最早提出了人力资源价值链管理思想。德尔和瑞维斯在对人力资源实践与绩效之间的关系做了大量的研究后提出，对组织绩效的测量可从以下几个方面进行分析：与人力资源管理活动相关的员工产出、与组织生产运营相关的生产产出、实际财务绩效的财务产出与资本市场相关的市场产出。德尔和瑞维斯进一步研究后发现，这四个产出之间有一定的因果关系：人力资源实践影响员工产出，员工产出进而影响生产产出，生产产出又会影响财务产出，最终影响公司市场产出。因此，德尔和瑞维斯在这个因果关系的基础上首次提出了人力资源价值链的模型。从他们的研究中可以发现：一方面，这个链条中的每个环节的不论是好是坏，最后都会对这个企业的绩效产出有着重要的影响作用；另一方面，这个链条的起始阶段便是人力资源实践的管理。

在德尔和瑞维斯提出了人力资源价值链模型之后，许多学者也提出了各自的人力资源价值链模型，其中最具代表性的人物是贝克和胡塞利。他们提出的模型被称为最为详尽的人力资源价值链模型。贝克和胡塞利的人力资源价值链模型侧重的是对于整个企业人力资源管理过程中的设计和研究，他们认为：组织战略决定人力资源管理系统的设计，人力资源管理系统直接影响雇员的技能、动机、工作的结构及设计，影响雇员的行为，进而影响组织的运营绩效，推动组织的盈利及增长发展，最终实现组织市场价值的提升。

比较上述两个模型，德尔和瑞维斯的人力资源价值模型从人力资源实践出发，强调人力资源实践活动能促进雇员的产出，然后通过价值链条传递至终端市场价值；贝克和胡塞利将人力资源价值链延伸至产业战略，认为与产业战略相匹配设计人力资源系统，是价值链管理的重要环节。

相对于国外研究，我国学者对人力资源价值链的研究起步较晚。尹长叶和朱彩婕（2005）提出，人力资源价值链应包含“以顾客为导向的价值创造”“以关键业绩指标为考量的价值评估”“以激励为原则的价值分享”三大环节。王慧等（2009）构建了竞争力提升与开放性人力资源价值链模型，揭示了从开放性人力资源价值链到企业财务指标、非财务指标，再到竞争力提升的基本路径。王有志和邱艾超（2006）在《人力资源价值链管理模型构建的经济学分析》一文中指出：“价值创造”是人力资本储备和收藏的过程，是“价值评价”的基础；“价值评价”主要是对企业中的有关人员和工作进行相应的分析与评价，是“价值分配”的依据和前提；“价值分配”过程则可以产生激励和鼓励作用。三个环节之间是有联系的，各个环节之间是相辅相成、紧密相连的。黄应忠和刘志坚（2007）认为，企业应通过价值分析、价值创造、价值评价、价值分配等企业内部人力资源管理工作，来保证企业人力资源价值链的正常运作。国内学者的研究焦点在于人力资源的价值创造、价值评价和价值分配等三个环节，集中于人力资源管理与组织价值实现之间关系的研究。但是，目前所有的研究都局限于对于人力资源价值链本身的研究，缺乏对于如何通过价值链管理改善人力资源管理工作，即人力资源价值链到底是怎样推动组织绩效产出的研究。

二、人力资源价值链管理的含义

人力资源链中的环是由节点所构成的，节点是人力资源链的最基本单元。所谓的节点就是构成组织的最基本单元——岗位。河海大学商学院赵永乐教授认为，岗位由五要素构成：工作、岗位主持人、职责和职权、环境及激励与约束机制。通过对节点中五要素之间关系的管理，可以提升人力资源链的效率，即组织内人力资源管理的绩效。

因此，服务型政府人力资源价值链管理是指政府部门将公共产品、公共服务提供给消费者，并将政府内部业务结果传递给下游业务环节等一系列价值创造活动中的各种人力资源工作活动的集合和动态过程。

服务型政府人力资源价值链的管理基本活动包括了招聘与引进、配置、培训开发、绩效管理和薪酬管理，这些环节直接支持了价值创造。

首先，管理者要关注政府部门人力资源链的环节及其管理。政府部门中的人力资源链由不同的环节，以及环节之间的关系所构成。所谓的环节就是政府部门中承担相对独立职能的部门。服务型政府中的人力资源链的环节是一个相对独立、承担一定政府职能的行为主体，不同于其他的行政行为。其次，环节应该具备明确的工作行为空间和工作职责范围，在职责范围内，环节对部门内的工作行为负责，并且其职责应该有明确的评价标准。

在人力资源价值链管理中，环节之间的链接点需要运用岗位目标管理模式，环节所在的部门也要实施目标管理模式。目标管理模式是由组织分析、部门目标设立、绩效考评等三大支柱支撑的。组织分析就是对环节与部门进行分析，从而编制部门职责说明书、组织结构说明书等组织文件；部门目标设定是为了环节的运作和人力资源管理的具体职能实施而开展的；绩效考评是指对部门人力资源在工作环节中的实际工作的评价，并进一步确定部门的工作绩效。三大系统是连环且统一的整体。

部门目标管理模式将政府部门的整体目标转化为各职能部门的目标，并将其进一步转化为具体的岗位目标。人力资源绩效管理者可以通过目标绩效管理，将其转化成为一种激励手段、控制手段。

人力资源链管理强调组织战略、组织文化、组织结构、组织制度对人力资源链的影响，它通过环节和链接点运作来实现，但是环节和链接点的运作是不同的。人力资源链管理的基本原则是以人为本，以价值导向，人力资源链管理的运作是为了创造价值，通过提升个体的效率来创造价值。

三、人力资源价值链管理在人力资源绩效管理中的作用

随着社会主义市场经济体制的确立，政府与市场、政府与社会的关系和边界逐步界定清晰，因此对于建立在政府职能转变的、旨在提高政府部门人力资源活动效率和增强政府公信力的人力资源绩效管理必将会受到重视。在这一现实的改革进程中，原有的政府人力资源管理理论已经不能满足实际的需要，因此人力资源价值链管理在政府人力资源管理中必然具有一定的地位。

人力资源价值链指出，人力资源活动的根本目的就是提高价值创造的能力。对于服务型政府来说，从公共服务和内部管理的价值链可知，政府部门所创造的公共服务价值，需要人力资源管理支撑价值链的整体活动，人力资源管理的目的就是通过管理来支持部门的价值链的整体活动，从而创造出价值。人力资源价值链管理利用系统思考的方法，构建了人力资源业务价值链，如图 4-2 所示。

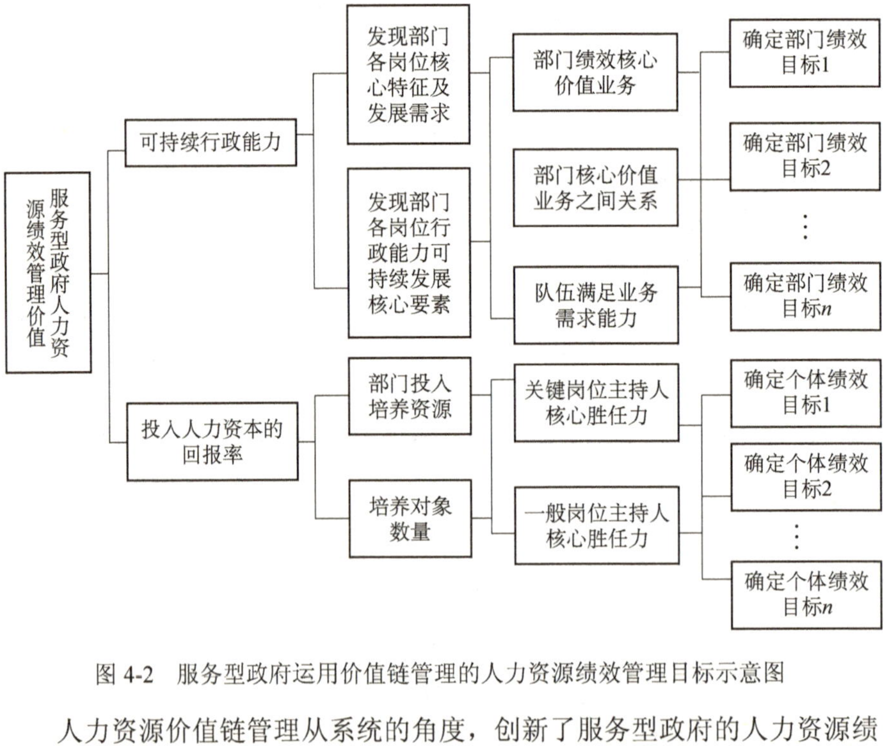

图 4-2 服务型政府运用价值链管理的人力资源绩效管理目标示意图

人力资源价值链管理从系统的角度，创新了服务型政府的人力资源绩效管理，在人力资源价值链的基础上进行人力资源绩效管理活动具有重要

的作用。

（一）使人力资源绩效管理更加系统

政府人力资源绩效管理是政府创造社会价值系统的一个子系统。政府人力资源价值链管理由招聘、配置、培训开发、绩效管理和薪酬五项价值活动组成，并直接创造了人力资源价值。同时，这些价值活动还必然受到建设服务型政府的战略目标、转变政府职能的战略任务，以及相应的政府机构的结构、文化和制度的制约与支持。因此，要做好服务型政府人力资源绩效管理，就必须以人力资源价值链管理的思想建立人力资源价值链和人力资源业务链的人力资源绩效管理，使人力资源管理工作更加的系统化。

（二）使人力资源绩效管理目的更加明确

政府进行人力资源绩效管理是为了使人力资源为政府部门创造服务价值。人力资源绩效管理一定能够为服务型政府创造价值，它通过对人力资源的管理，提升人力资源的素质和技能，间接地为部门创造价值。人力资源价值链管理强调人力资源绩效管理的价值目的，因此，政府人力资源管理中的价值创造活动要消耗一定量的资源，并承担一定量的成本，所以政府在人力资源绩效管理中一定要紧紧围绕价值创造的目的，对能够创造高绩效的绩效资源进行配置，并通过人力资源价值链管理来约束自身的消耗，为政府创造更多的价值。

（三）使人力资源绩效管理更加科学

政府人力资源绩效管理关注的是经过人力资源管理后，各职位主持人在岗位工作过程中为所创造出的价值程度。通过人力资源价值链管理，能够科学地对高价值创造环节的人力资源进行有效的管理和配置。同时，人力资源价值链管理以价值创造力为评价标准，避免了由上级领导或者非专业性的人力资源管理的主观评价，按照价值创造的原则由被服务对象进行评价，改变了人力资源绩效管理的不对称性，使政府人力资源绩效管理及其绩效评价工作更加科学，也推进了人力资源绩效管理的公平性。

（四）使人力资源管理业务更加明确

政府职能部门的具体业务活动可以根据其性质归属到人力资源价值链管理流程中的具体环节中。但是，人力资源的价值活动从其职能属性上来看，很多人力资源价值链管理的活动并不是完全由某一个职能部门独立完成的，需要由多个部门协同完成。人力资源活动同样不是由人力资源部门独立完成的，也需要其他业务部门的配合。因此，人力资源价值链管理能够将职能部门和人力资源管理部门的具体管理业务区分开来，明确职能部门的人力资源管理业务。

四、构建价值链管理的步骤和内容

服务型政府的人力资源价值链绩效资源配置机制是由前期准备阶段、多维资源投入阶段和绩效资源管理循环模块等三大部分有机合成的，对政府内部的各业务环节进行价值管理与创造，通过不断地提升可持续的行政能力与投入人力资本的回报率，推进服务型政府的建设进程。

（一）准备阶段

这一阶段主要任务是对人力资源绩效管理目标与人力资源绩效管理计划进行整合与修正，在收集基础信息后，有效地实现人力资源绩效资源管理与企业资源计划（enterprise resource planning，ERP）系统集成。通过两者的集成，人力资源绩效资源可以借助信息技术快速传输和处理数据、ERP系统数据集成与共享两大特点，实现快速、准确编制人力资源绩效资源需求、供给及调整资源管理。同时，在ERP系统中，人力资源绩效实践活动所需资源及消耗资源的信息集成，使构建服务型政府人力资源绩效实践活动能够实现实时控制与多角度动态分析及管理，对于两者的有效应用保障了绩效管理目标的实现，为绩效管理计划的实施提供了技术保障。

（二）多维绩效资源投入规划阶段

这一阶段是对政府人力资源绩效管理资源进行合理配置的基础，主要由关键价值活动、业务周期的设计、绩效资源消耗计量方式的选择和绩效资源管理责任中心的确定等主要内容构成。在这一阶段，要对进行服务型政府人力资源绩效管理的业务流程中各价值活动消耗资源、创造价值情况进行深入分析，从而挖掘增值活动，减少对非增值、无价值活动环节的资源投入。

首先，在价值管理过程中需要注意的主要问题是，在多维绩效资源投入规划阶段，坚持有利于以资源管理责任中心的原则，均衡服务型政府人力资源绩效管理各阶段业务的预期投入与实际投入，保证责、权、利结合管理，通过绩效资源的变量控制资源在绩效管理中的使用风险。其次，要将ERP系统与多维绩效资源投入规划阶段协调，从而实现绩效资源规划与具体实践的实时管理、动态反馈管理协调。ERP系统中的数据详细记录了与人力资源绩效价值活动各维度元素，而多维绩效资源投入规划模块根据绩效活动特征及管理需求，描述数据的属性。最后，多维绩效资源投入规划阶段要以科学行为为基础，否则将会使人力资源绩效资源投入规划管理的价值归零，甚至误导与服务型政府人力资源绩效管理实践有关的决策。

（三）服务型政府人力资源绩效管理资源循环模块及其运行阶段

对于服务型政府人力资源绩效管理资源循环模块的设计要遵循“现实、平衡、逻辑”的标准，结合人力资源绩效管理各环节及各环节的具体内容，对价值创造活动实现动态化、均衡化的管理。服务型政府人力资源绩效管理资源循环模块是依托于政府绩效管理各环节中的。首先，在具体的实施过程中，基于价值链的人力资源绩效管理资源循环模型必须以价值目标为导向，绩效管理资源目标必须在人力资源绩效管理规划周期内对资源使用进行分解，这会影响到服务型政府人力资源绩效管理的价值活动的实施成效。其次，人力资源绩效管理活动的资源能力是否平衡，是衡量绩效管理活动正常运转和资源利用效率的主要标准。最后，人力资源绩效管理模块内部必须体现价值链的逻辑，不同价值活动的资源管理不是相互独立的，是具有继承性和因果关系的，因此要在模块设计中有所体现。

五、政府人力资源绩效价值链管理的控制

政府人力资源绩效价值链管理在目前还未能够在政府部门中系统开展实施，但作为理论研究，健全其今后实施过程和控制、评价机制，使其成为更加科学、更加有效的人力资源绩效管理体系，才能实现服务型政府人力资源绩效管理的目标。

服务型政府人力资源绩效价值链管理的控制内容包括以下内容。

（一）制定控制标准

人力资源绩效链式管理首先要制定控制标准。控制标准是衡量人力资源绩效链式管理执行的尺度。它是进行控制的准绳，没有控制标准，就无法进行控制。人力资源绩效管理目标规划提出的各项要求是制定控制标准的依据。控制标准可分为绩效管理业务数量控制标准、质量控制标准、程序控制标准、进度控制标准及质量控制标准等。

（二）收集、整理有关数据

控制就是要把实施的实际情况同控制标准进行比较，通过这种比较，以掌握各项人力资源管理工作是否按目标规划的规定实施了。所以，进行控制首先要掌握有关实施情况的各种数据。为取得这些数据，要建立健全各种定额和原始记录登记制度；要采用科学的方法收集数据；数据的登记程序和方式也必须合理。为了保证数据的完整、准确和具有可比性，取得各种数据后，还要对其进行合理的分类、汇总和整理。数据的汇总和整理工作要按科学的统一规定进行。经过整理后的数据要及时地向各有关方面

传递，且传递要迅速，传递的路线要简捷。

（三）实施情况检查

实施对于人力资源绩效链式管理的执行情况的检查，可采取多种多样的形式，要对检查之后的具体结果进行经验总结和问题原因性分析。

（四）采取措施解决问题，确保目标实现

采取措施解决人力资源绩效链式管理实施中产生的动态问题，要根据问题产生的具体原因来确定其解决的方法。采取措施解决实施中的问题是控制的重要任务。只有及时地采取有力的措施，解决实施中的问题，才能保证人力资源绩效链式管理目标的最后实现。

六、服务型政府的人力资源价值链绩效资源配置机制

只有满足了前文所述要求的服务型政府业务流程，才能为其人力资源绩效资源的配置做好前期准备。如图 4-3 所示，在基于业务流程再造的价值链绩效资源配置机制中，服务型政府的人力资源价值链绩效资源配置机制是通过绩效资源管理与 ERP 系统集成模块、多维资源投入模块和绩效资源管理循环模块有机合成的，对服务型政府的各业务环节所需的资源进行配置管理。

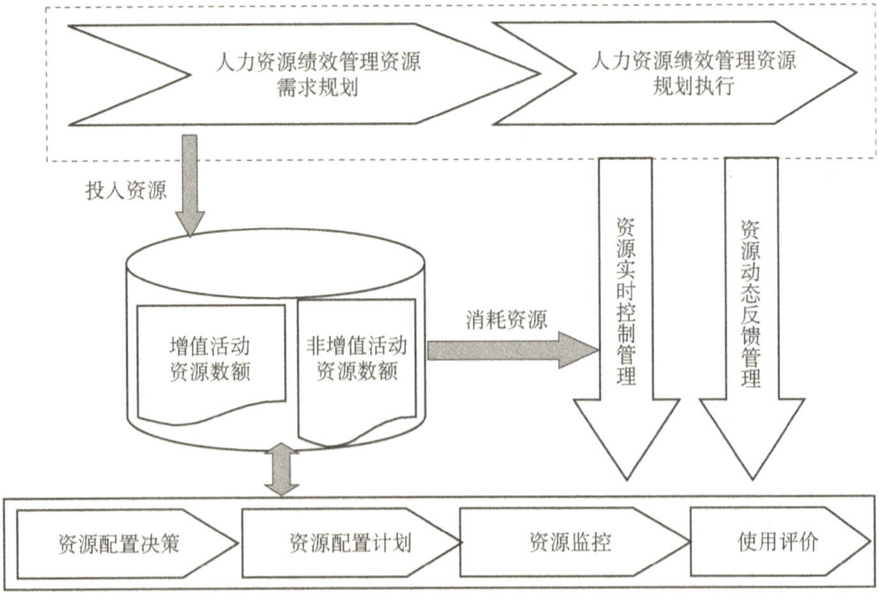

图 4-3　服务型政府的人力资源价值链绩效资源配置管理与 ERP 系统集成方案图

（一）绩效资源管理与 ERP 系统集成

通过两者的集成，绩效资源可以借助信息技术快速传输和处理数据、ERP 系统数据集成与共享两大特点，实现快速、准确编制绩效资源需求、供给及调整资源管理。同时，在 ERP 系统中，绩效实践活动所需资源及消耗资源的信息集成，使服务型政府人力资源绩效实践活动能够实现实时控制与多角度动态分析及管理。

（二）多维绩效资源投入规划模块

这一模块是合理配置绩效资源的基础。为了与 ERP 系统协调，绩效资源规划模块必须元素化，即要明确资源投入的构成元素。多维资源投入规划模块作为所需资源全面规划管理的核心，具体表现为业务流程中各项价值活动所引起的资源消耗。业务流程各环节的价值活动是资源消耗主体，因此，在绩效资源规划体系中，应该选用哪些有效维度，完全由业务流程的价值活动驱动。

多维绩效资源投入规划模块的维度主要由关键价值活动、业务周期、绩效资源消耗计量方式和绩效资源管理责任中心构成。这一模块有利于分析服务型政府业务流程中各价值活动消耗资源、创造价值情况，挖掘增值活动，弱化非增值活动的资源投入。多维绩效资源投入规划模块有利于以资源管理责任中心为核心，了解服务型政府不同阶段的业务预期投入与实际投入，实现责、权、利结合管理，并能够通过资源的变量控制资源使用风险。

多维绩效资源投入规划模块与 ERP 系统相协调，可以实现绩效资源规划与使用的实时管理、动态反馈管理协调。ERP 系统中的数据详细记录了与绩效价值活动有关的各维度的元素，而多维绩效资源投入规划模块则是根据绩效活动特征及管理需求，选择部分维度用于描述规划数据的属性。

多维绩效资源投入规划模块的分析有效必须以规划的科学行为基石，如果规划维度与实际执行情况相差甚远，则不仅难以体现绩效资源投入规划管理的价值，而且将误导与服务型政府人力资源绩效管理实践有关的决策。

（三）绩效资源管理循环模块

服务型政府绩效资源管理循环模块的设计要遵循“现实、平衡、逻辑”的标准。首先，判断人力资源绩效资源管理目标是否符合服务型政府建设的现实。基于价值链的人力资源绩效资源管理模型是以价值目标为导向的，人力资源绩效资源管理目标是价值目标在规划周期内资源使用的分解，因此，绩效资源管理目标的确定是否符合现实，直接关系到服务型政府人力资源绩效管理价值活动的实施成效。其次，判断人力资源绩效管理活动的资源能力是否在实践中能够平衡。服务型政府人力资源绩效管理的价值活动会消耗资源，同时也会创造资源。价值活动正常运转是基于资源平衡的，同时也不能出现资源闲置。因此，人力资源绩效管理资源能力是否平衡是衡量绩效活动正常运转和资源利用效率的标准。最后，人力资源绩效管理模块内部要体现价值链的逻辑。价值活动之间的资源管理不能相互独立，必须体现实际价值活动之间的逻辑关系。

第四节　绩效提升机制：整合系统的路径

一、绩效提升的原理分析与模型构建

服务型政府人力资源绩效管理的目标是实现绩效提升，而绩效提升的原理分析是其实现的基本前提，“为什么要进行绩效提升”是“如何进行绩效提升”的先决条件。知其然才能知其所以然，在进行人力资源绩效管理的实践中，必须要从绩效提升的原理着手，厘清当前政府人力资源绩效管理进程中的主要问题和原因，分析绩效提升的内在要素及其要求，进而构建绩效提升的机制。

（一）绩效提升的原理分析

分析绩效提升的原理有不同的视角，结合服务型政府人力资源绩效管理的理论基础来思考，主要有人力资源绩效管理理论、组织行为学理论和管理经济学理论三个角度的原理。一是从人力资源绩效管理理论出发，要始终秉承“以人为本，服务人民”的工作理念，将人员开发作为绩效管理的目的，尽最大可能挖掘人的潜能、提高其工作效率和能力。在构建服务型政府人力资源管理绩效提升机制的过程中，要准确把握人力资源绩效管理的理念定位，摆脱传统人力资源绩效管理认识误区的束缚，将人力资源绩效管理上升到战略性指导地位，充分发挥人力资源绩效管理的想象能力、判断能力、融合能力和协调能力，通过人员的合理配置和有效使用实现各项活动的最佳效果。二是从组织行为学理论视角而言，作为一门应用性很强的科学，组织行为学强调人在组织目标实现过程中的重要地位，其期望理论、激励理论、群体行为理论及人本管理理论，为政府人力资源绩效提升提供了重要的理论借鉴。在构建服务型政府绩效提升机制的过程中，要注重从战略定位出发，灵活应用组织行为学中的各项理论，结合各职能部门的工作特点，不断挖掘工作人员的潜力，激发工作人员的创造力，调动

工作人员的积极性与工作热情，有效实现政府工作绩效的整体提升。三是要符合管理经济学的相关理论。管理经济学作为应用经济学和数学分析工具现结合的产物，最先被应用于企业管理。它是实现企业决策科学化、提高决策水平的科学，其目的在于实现企业价值最大化，其核心理念就是如何以有限的资源获得最大的价值。在进行服务型政府人力资源绩效提升机制的过程中，要通过对政府内部各职能部门个人及其实践活动过程的管理，实现人力资源的合理配置、有效培训和使用，实现政府成员的个体绩效和群体绩效的价值目标，即通过绩效计划、绩效实施、绩效评估、绩效反馈等绩效管理环节的实施，不断完善绩效运行过程，从而使成员更有效地工作，实现成员自身及成员对于政府组织战略目标的价值，进而推进政府行政行为能力的持续提升。

（二）合理构建绩效提升机制

服务型政府人力资源绩效管理改革实践作为一项复杂的系统工程，其内部绩效提升机制的构建需要相应的体系支撑。结合服务型政府人力资源绩效管理的概念界定，绩效提升机制是包括保障机制、管理机制、评估机制和反馈机制在内的有机统一体，各机制之间相互制约，相互作用，相互影响，有力推进政府人力资源绩效水平的持续提升。具体如图 4-4 所示。

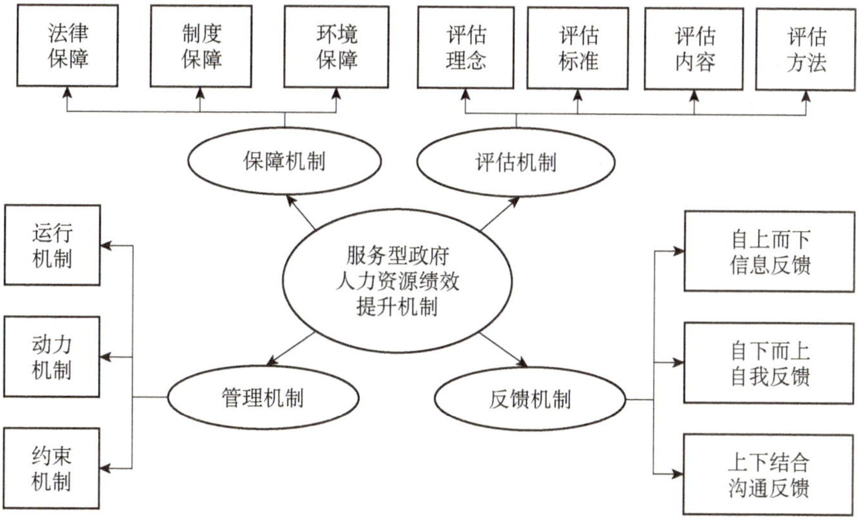

图 4-4　服务型政府人力资源绩效提升机制

1. 构建保障机制

服务型政府人力资源绩效管理作为一个复杂的活动过程，其总是在一定的客观条件和社会环境中开展工作，因此，政府绩效的提升除了绩效管理者的有效管理和政府成员的个人努力之外，还需要建立把握组织结构高效运行的一系列保障机制，即要着力构建服务型政府人力资源绩效提升的法律保障、制度保障和环境保障。一是要健全服务型政府人力资源绩效管理的法律保障机制。良好的法制保障机制是发挥政府人力资源绩效管理合力作用、实现政府绩效管理战略目标的重要条件。二是要不断完善服务型政府人力资源绩效管理的制度保障机制。实现服务型政府人力资源绩效管理制度化发展，是保证政府组织各项事务的规范化、程序化、科学化组织与实施，促进政府行政行为与行政效率高效的必要前提。因此，要着力构建人力资源绩效管理沟通制度、人力资源绩效管理学习制度、人力资源绩效管理奖惩制度等多项人力资源管理制度，通过制度保障各项管理活动的有序推进，实现绩效结果的有效提升。三是要持续优化服务型政府人力资源绩效管理的环境保障机制。外部环境系统的变化对政府人力资源绩效管理结果有着较大的影响作用，因此，在进行服务型政府人力资源绩效管理改革的实践中，一方面，要在政府内部建设以健康向上、充满活力、催人奋进为主题的绩效管理文化，以发展的战略目标为导向，结合政府工作实际开展相应的绩效文化活动，通过内部管理环境的优化保证整个组织战略目标的实现；另一方面，要在范围内建立高效的绩效信息网络系统，实现与不同利益群体之间的有效沟通与交流，通过最新的信息反馈及时进行绩效计划的改进和绩效目标的重新规划，有效实现对政府内部人力资源的优化重组，从而促进政府绩效结果的有力提升。

2. 构建管理机制

管理机制的构建是人力资源绩效管理的首要任务，管理机制是否科学，直接关系到整个绩效管理过程的高效与否。服务型政府人力资源绩效管理是以人为本的管理，强调的是通过对政府成员及其实践活动的管理推动整个组织业务流程的有效运行，推进组织绩效的有力提升。在进行绩效管理提升机制的建立过程中，要在把握人力资源绩效管理基本原理的基础上，以人为本，从经济社会的发展特点出发，有效推进绩效管理活动的组织与实施。一是要构建政府人力资源绩效管理运行机制，实现宏观运行机制与微观运行机制相结合。对于宏观运行机制的把握，就是要以的战略发展目标为导向，积极推进绩效计划、绩效实施、绩效评估与绩效反馈等四大环节的有效实施，保证各环节之间的有效联系与整体功能发挥；对于微观运行机制机的把握，就是要以人为本，要在政府内部建立以政府部门成员的能力为前提的人力资源绩效管理平台，根据政府工作人员的实际工作能力对其进行人事安排。二是要把握政府人力资源绩效管理的动力机制，形成以政府、个人、环境为主导的多维度动力系统。在构建服务型政府的过程中，政府要在追求其组织目标实现的同时，考虑其内部成员的个体发展需要，通过满足政府成员合理的利益需求推动组织的发展。同时，政府要对其内部成员进行合理的绩效目标任务规定，以给其成员外在的责任动力，督促政府组织内部成员在规定的时间内，以最优的工作能力高效完成组织任务目标。此外，要在政府内部以良好的绩效文化对其管理者和政府成员进行思想教育形成内在的精神驱动力，形成轻松活跃的工作环境，以提高工作效率。三是要建设政府人力资源绩效管理的约束机制，保证政府组织绩效计划改进和外在行政行为的高效性。约束机制是保证服务型政府人力资源绩效管理结果运用实践价值的重要管理机制，因此，政府在进行服务型政府人力资源绩效管理改革的过程中，要着重建立相应的法律约束、责任约束和心理约束等实现对政府部门人力资源绩效管理者与执行者的行为约束，从而实现个体绩效与组织绩效的共同提升。

3. 评估机制

服务型政府人力资源绩效评估机制不是简单地对个人绩效结果进行评估，其目的是实现价值导向的目标评价机制，其评估的对象是政府部门内的个体履行行政职能所产生的结果及其影响。因此，在进行服务型政府人力资源绩效管理改革过程中，要通过建立一个多维度、立体型、体系化的评估机制，实现评估理念、评估标准、评估内容与评估方法的有机统一，推进政府行政行为效率与效益“双效”的有效提升。第一，树立正确的评估理念。在政府人力资源绩效评估机制建设的实践中，要树立“以人为本、以价值为导向，坚持效能意识”的评估理念，将绩效管理价值评价的重点从以组织目标为标准转移到以组织成员个人或者以部门的实际工作结果为标准上，将事关组织长期绩效的工作任务摆在优先发展的位置，让能够创造更大价值的工作拥有更多的优先权，力求用最低的绩效管理成本实现高效的绩效评估。第二，坚持科学的评估标准。在构建服务型政府人力资源绩效管理科学的评估标准的实践中，要在客观性、价值性、整体性和可量化等四项原则的指导下，以政府成员个体绩效的实际情况及其对组织绩效的影响力为绩效评估的出发点和落脚点，真正将评估作为一种有效的管理方法，全面把握评估的各个要素及其相互关系，把对工作结果的评估与对政府成员工作效能的评估结合起来，将评估活动与评估环境结合起来，坚持定性评估与定量评估相统一，有效提升绩效评估的针对性和实效性。第三，设计合理的评估内容。合理的评估内容是保证整个评估过程的有效性的前提条件，也是整个政府人力资源绩效管理评估体系科学化的内在要求。因此，在政府绩效管理评估机制建设的过程中，要在政府绩效管理改革目标的指导下，从各工作岗位实际出发，结合职位说明书，建立具有全面性、灵活性、针对性的，科学化、系统化的服务型政府人力资源绩效管理评估内容体系。第四，运用正确的评估方法。评估方法的选择与运用在很大程度上决定着实践活动目标的价值实现，在人力资源绩效评估机制中，其方法体系要在服务型政府绩效管理改革目标的指导下，建立一个坚持客观评估与主观评估相结合、定性评估与定量评估相统一、工具性评估与价值性评估相渗透的多维度评估体系，将政府成员个体绩效的评估与组织群体绩效的评估联系起来，通过成员个体绩效的价值创造，实现其对于组织绩效的推动作用。

4. 构建反馈机制

及时有效的反馈是实现人力资源绩效管理战略目标的重要保证。服务型政府人力资源绩效管理的过程，就是运用评估手段和评估结果进行绩效改进的过程，而绩效改进得以实现的前提就在于反馈机制有力构建。在政府人力资源绩效管理改革的实践中，其反馈机制应该从政府人力资源绩效管理者、政府内部成员及两者的关系三个角度出发，形成“三位一体”的绩效管理反馈机制。

首先，建立自上而下的信息反馈机制。这一机制的构建要求政府内部各人力资源绩效管理者在整个绩效管理过程中，尤其是在绩效实施和绩效评估两大环节的操作过程中，通过对政府工作人员的工作情况及整个组织运行状况进行有效的信息收集、信息分析和信息反馈，搭建一个科学有效的信息技术平台和自上而下的系统信息反馈机制，以保证绩效计划与环境信息的变化相适应。其次，建立自下而上的自我反馈机制。服务型政府人力资源绩效管理是以政府部门各成员及其实践活动为管理核心的，通过建立自下而上的自我反馈机制，政府工作人员通过自觉地将工作过程中遇到的问题和困难及对绩效提升有帮助的积极因素，通过一定的途径和方式反馈到政府人力资源绩效管理部门，实现与政府的绩效反馈机制有机结合，不仅能够有效推进政府全方位改进绩效计划，推动绩效管理活动进行，而且能够在政府组织内部营造一种民主、宽松的工作氛围，增强成员之间的交流与协作，从而为政府绩效提升提供强大的内驱力。最后，建立上下结合的沟通反馈机制。从政府人力资源绩效管理的全过程来看，高效率的绩效反馈是通政府绩效管理者与政府工作人员之间的双向沟通来实现的：一方面，政府人力资源管理者要坚持客观公正的评估标准和评估原则，在与其内部工作人员进行持续沟通的基础上，通过有效的方式将评估结果反馈给政府工作人员，并让其根据绩效评估结果改进工作方法，提高工作效能；另一方面，政府工作人员应秉承谦虚谨慎的工作态度，对自己的工作绩效保持理性客观的评价，并主动与政府绩效管理者进行沟通反馈，及时发现工作过程中阻碍绩效提升的各种因素，从而发挥个体绩效价值实现的最大化。

二、基于绩效提升的工作体系设计

绩效提升的原理分析分别从力资源绩效管理理论、组织行为学理论和管理经济学理论三个角度对为什么要进行绩效提升做了较为充分的论述，为服务型政府人力资源绩效管理提供了丰富的理论借鉴；而绩效提升的机制构建从系统结构及其功能出发，围绕绩效提升的保障机制、管理机制、评价机制和反馈机制四个方面做了较为完整的理论阐释，其目的在于通过系统性、完整性和动态性的管理模式，实现服务型政府人力资源绩效管理的绩效提升。总的说来，原理分析与机制构建分别就“为什么要进行绩效提升”和“如何进行绩效提升”打下了坚实的理论基础，而作为一种管理实践活动，人力资源绩效管理活动最终价值的实现则在于将理论运用于实践，通过用正确的管理理念和有效的策略指导政府人力资源绩效管理，在职岗分类体系和业务流程再造的基础上，结合经济社会发展的实际，对绩效管理进行科学的工作体系设计，有效推进政府人力资源绩效管理行政行为效率与行政行为效益“双效”的有效提升。

（一）工作分类基础上的工作体系

服务型政府人力资源绩效管理提升机制是建立在工作分类基础上的绩效提升机制，应当以政府人力资源绩效管理的行为系统为设计前提，以价值创造为绩效管理理念，在实现行政行为效率与效益“双高”目标的指导下，构建一个系统化、规范化、综合化的绩效提升工作体系。这个工作体系既要借鉴企业管理相关原理，又要结合经济社会发展现状。总之，服务型政府人力资源绩效管理的绩效提升工作体系，应当是由绩效管理模块和业务流程再造模块共同组成的循环管理模式，该模式中各构成要素在经济、社会、文化、政治等环境的影响下，在政府内部不断有序、有效地进行重组与创新，进而通过有效的绩效评估与绩效反馈，不断推进政府绩效计划的持续改进，在改进过程中有力促进战略发展目标的实现。一方面，在绩效管理模块的运行过程中，政府内部人力资源绩效管理的专职人员与各部门负责人实现了对政府内部人力资源的双重管理，要求各管理主体在整个组织机构内部绩效管理过程中始终坚持价值导向原则，明确划分各主体之间的责、权、利，同时要注重各主体之间实现有效衔接，形成绩效管理的功能互补，促使各管理主体在开展绩效管理工作的同时，不断推进政府内部工作人员个人及组织的价值目标的实现，从而实现绩效管理运行过程和政府部门成员行政行为的“双高效”；另一方面，在业务流程再造模块运行的过程中，政府内部各类人力资源绩效管理主体以工作需求为导向，通过现有业务流程的分析阶段、业务流程再造的准备阶段、业务流程再造的实施阶段和业务流程再造的监督反馈阶段等，对本职工作的业务流程进行科学分析与宏观把握，实现了对业务流程进行重组与优化，在这一工作中注重形成以价值链为工具的绩效资源配置机制，这是整个流程再造工作的核心所在，其最终目的在于保障所有政府组织内部工作人员的价值创造和个体绩效的有效实现与提升。具体工作体系设计如图4-5所示。

（二）提升绩效的工作体系设计分析

服务型政府人力资源绩效管理的绩效提升在于以政府人力资源绩效管理战略目标为出发点，以政府人力资源绩效管理为动力的业务流程再造设计绩效管理实践活动为关键点，以政府人力资源绩效改进为落脚点，通过将绩效管理划分为的计划、实施、评估、反馈等四个基本环节，构建一个由政府人力资源绩效管理战略目标设定、目标分解到业务部门、业务完成结果分析、政府人力资源绩效改进的不断循环上升的工作系统。简言之，服务型政府人力资源绩效管理的绩效提升体系，就是通过政府人力资源绩效管理模块与政府人力资源绩效管理业务流程再造模块两大模块之间的相互影响、相互作用，实现其功能的互补，以改进绩效计划，使整个政府人力资源绩效管理成为一个完整的、系统的、动态的、高效的工作体系，以确保政府内部个人及组织的价值创造的实现，进而保证政府绩效管理的结果与社会公众的需求满意度保持一致，提升政府行政能力的可持续提升。

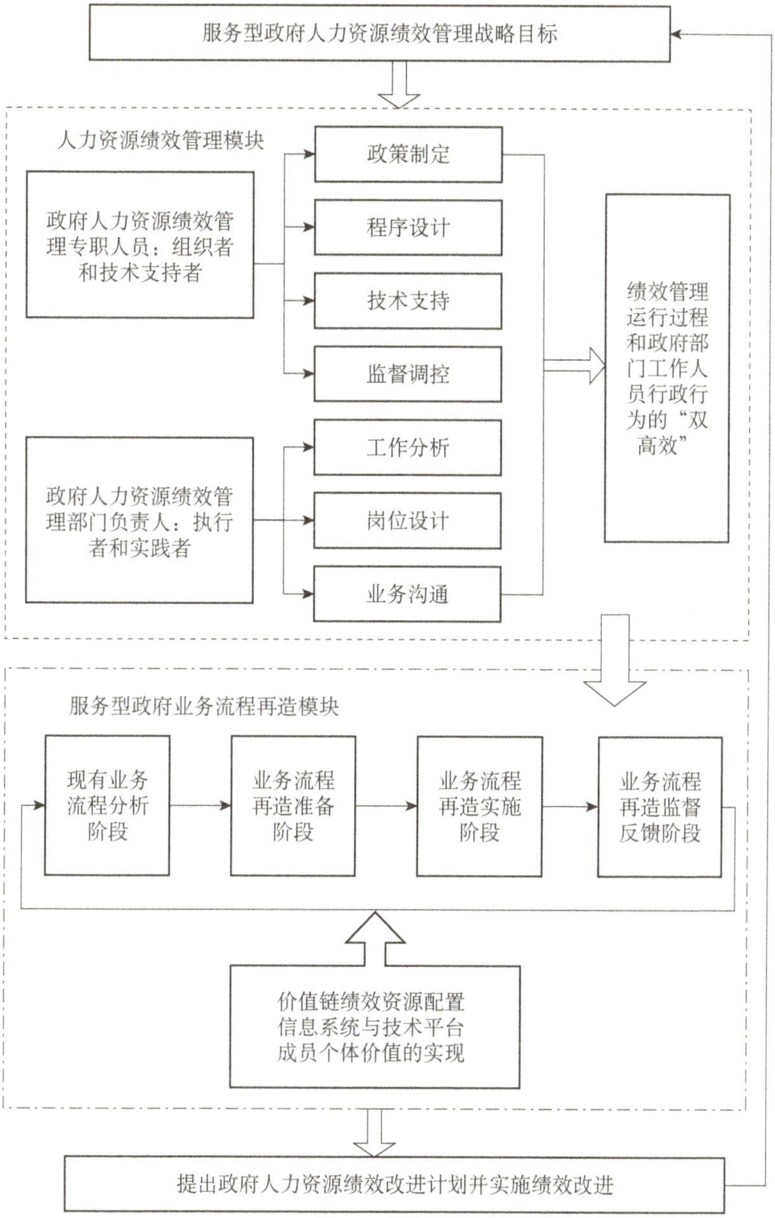

图 4-5 服务型政府人力资源绩效管理改革绩效提升工作体系框架图

1. 服务型政府人力资源绩效管理模块

对政府人力资源实行绩效管理是实现构建服务型政府的业务流程再造的前提条件和动力基础，其以价值链的有效运转为前提，通过对绩效管理各环节的识别与量化、简化与合并，实现辅助活动价值对绩效管理关节环节的辅助功能；通过对绩效管理关键资源的合理配置，实现增值活动价值，保证政府绩效管理活动资源消耗与资源创造的能力平衡，从而实现服务型政府价值活动的正常开展和高效运行。因此，服务型政府业务流程再造的目的也在于为服务对象创造具有价值的服务的一个价值生产链，而在政府内部实施人力资源绩效管理，能够为其业务流程再造提供价值驱动力。

第一，服务型政府人力资源绩效管理模块要以战略目标为前提。服务型政府作为一种服务承诺制，要在行政过程中首先从战略发展目标出发，在公众与政府的良性互动的基础上最终确立公众服务目标，并结合各部门工作实际将服务性目标分解为具体的指标，通过定向与定量相结合的方法，对目标实现程度进行考量，以此来衡量政府服务水平与服务行政质量。因此，政府人力资源绩效管理的战略目标是进行科学绩效管理的基础条件，要在发展的战略目标的指导下，根据战略目标的总要求，将其进行“组织—部门—个人”的从上到下的目标分级管理，实现高效的绩效目标管理。

第二，服务型政府人力资源绩效管理模块要以价值创造为理念。价值创造是进行服务型政府人力资源绩效管理的核心内容与最终追求，价值创造理念是连接政府内部人力资源绩效管理专职人员与各部门负责人的无形桥梁，要求政府内部各绩效管理主体在绩效管理过程中坚价值创造理念，把握可持续行政力和投入人力资本回报率等价值驱动因素，即坚持以业务作业为价值导向进行绩效管理，以提高组织运行和政府工作人员外在行为的高效。

第三，服务型政府人力资源绩效管理模块应当以职能互补为重点。在进行服务型政府人力资源绩效管理模式改革的过程中，要认识到，政府内部人力资源绩效管理主体是由绩效管理专职人员和政府部门负责人共同构成的有机统一体，这一有机统一体与传统的管理模式相比，更具效果性，但也因此增加了绩效管理的复杂性和变动性：一方面，对于政府内部人力资源绩效管理专职人员来说，其充当绩效管理的组织者和技术支持者的角色，工作职能重点在于宏观绩效管理层面上的政策制定、程序设计、技术支持与监督调控；另一方面，政府内部各职能部门负责人充当的是绩效管理的执行者和实践者，其工作职责在于根据人力资源绩效管理专职人员提供的各种绩效信息，在结合本职能部门工作实际的基础之上，有效地进行工作分析、岗位设计和业务沟通等。两个管理主体之间责、权、利各不相同，但其进行绩效管理活动的出发点和最终落脚点是一致的，即通过绩效管理最大限度地促进政府工作人员的价值创造活动，推进服务型政府人力资源绩效管理模式的有效运行，两者之间通过价值管理理念得以有效衔接与补充。价值创造理念既要求政府内部人力资源管理专职人员坚持价值导向进行宏观组织和协调，又要求政府内部各职能部门负责人在直接的绩效管理过程中，对每项工作和每个岗位进行科学、详尽的价值分析，从而使得看似两个独立的工作系统相互作用、相互支持、相互促进，在绩效管理的动态发展过程中实现功能互补，最终推进服务型政府人力资源绩效管理模块的高效运作。

第四，服务型政府人力资源绩效管理模块要以循环管理为目的。所谓的政府人力资源绩效管理模块以循环管理为目的，强调的是要在整个政府内部实现人力资源绩效管理模块运行的持续性、完整性和动态性，推进人力资源绩效管理呈螺旋上升式发展。服务型政府人力资源绩效管理应当是在人力资源绩效管理专职人员和政府内部各职能部门负责人的共同管理下所进行的管理实践活动，其构成的绩效管理的内部工作体系最终是要形成“绩效目标 1—绩效计划 1—绩效实施 1—绩效评估 1—绩效反馈 1—绩效改进 1—绩效目标 2—……”的螺旋式循环上升的管理模式，从而保证整个绩效管理运行过程的高效运行和政府成员外在行政行为能力的持续提升。

2. 服务型政府业务流程再造模块

流程再造强调工作是如何进行的，其理论精髓在于彻底打破传统劳动分工理论框架的基础，抛弃组织旧的运行方式及不适宜的原则和程序，建立一个全新的流程及其相应的组织结构和运行机制。在进行服务型政府人力资源绩效管理业务流程再造的实践中，要注意既要将其与现代企业组织中的业务流程再造相区别，又要摒弃传统政府业务流程再造中所出现的弊病和问题，要不断突出价值管理与价值创造的重要功能，始终遵循以绩效管理为动力、以完整性为核心、以动态性为前提的基本原则，结合构建服务型政府人力资源绩效管理模式的战略目标，构建一个行之有效的业务流程再造模块。

（1）科学认识业务流程再造的要素要求。政府内部各管理主体要科学认识服务型政府业务流程再造的要素要求，即要使其明确进行业务流程再造要做哪些基本工作。作为服务型政府人力资源绩效管理的主要组织者与实施者，各绩效管理主体须从以下三个方面对业务流程再造的要素要求进行认识：一是要坚持价值链绩效资源配置，保证业务流程再造各个环节具有相关的可用资源，这就要求政府的人力资源绩效管理要将资源配置与政府的工作行为和业务流程的价值要求相结合，实现行政行为高效与行政效率的“双效”价值的增加；二是要在政府内部建设信息系统，搭建相关技术平台，保证业务流程再造系统的高效运行，其要求各人力资源绩效管理主体高度重视信息系统与业务流程再造之间的关系，及时为业务流程再造提供高集成、高更新、高效率的信息技术平台支持；三是要持续激发成员个体价值的实现，不断为业务流程再造提供坚实的人力资本储备和人才技术支持，保证各个工作岗位上的人力资源配置处于效率最大化的状态，实现政府人力资源绩效管理过程中个人的价值实现与组织的目标实现相结合。

（2）准确把握业务流程再造的运作流程。政府内部各人力资源绩效管理主体要准确把握服务型政府业务流程再造的详细运作流程。服务型政府人力资源绩效管理业务流程再造是由分析阶段、准备阶段、实施阶段和反馈阶段等四个环节构成的系统工程，通过“对现有业务流程的分析—业务流程再造准备—业务流程再造实施—业务流程再造反馈—（现有业务流程分析）”的循环模式实现业务流程再造的目标。因此，政府在进行人力资源绩效管理业务流程再造的实践中，一是要根据政府人力资源绩效管理目标分级的具体要求，既要对政府人力资源绩效管理现有业务流程的运行状况做全面的分析，找出其存在的问题及出现问题的原因，并提出科学的解决对策以保证业务流程系统的畅通性，又要对政府人力资源绩效管理中业务流程的各个环节进行分析，精简多余的或取消对价值创造活动作用不明显的相关环节，确保业务流程的实施与构建服务型政府人力资源绩效管理模式的绩效目标保持一致；二是要引导政府人力资源绩效管理专职人员在业务流程分析的基础上，从政治经济发展现状出发，对业务流程再造进行合理的评估与测量，提供多个业务流程再造的备选方案，在详细论证的基础上，最终确定一个符合战略发展目标及与政府构建服务型政府人力资源绩效管理模式总目标相契合的业务流程，实现岗位设计与业务交流、信息管理和技术支持相结合的业务流程设计方案，为业务流程再造做好充分准备；三是要根据业务流程再造计划和准备方案，由政府内部各职能部门的部门负责人进行工作价值分析和岗位价值分析，对其所负责部门的人力资源结构、信息技术平台等在流程再造过程中起关键作用的因素进行科学的、根本性的改造，将新的业务流程与服务型政府人力资源绩效管理模式结合起来，依靠本职能部门成员的技能和组织的信息技术系统推动新业务流程的高效运作与实施；四是政府各人力资源绩效管理主体要不断对新业务流程的整个过程进行监督和评估，包括对组织外部环境及其对流程再造的影响进行动态监督控制，以保证业务流程再造严格按照既定程序运行，同时为下一轮的业务流程再造提供真实、全面、动态的信息资源，实现业务流程再造螺旋式上升循环的目的。

（3）全面评价流程再造目标实现的程度。政府要从政府内部与外部两个方面实现对政府业务流程再造目标实现程度的全面评价，不断提升评价结果的客观性与科学性。政府进行政府人力资源绩效管理业务流程再造的最终目的在于促进政府内部工作人员的价值创造活动，通过其在本职工作中不断提升服务水平，来促进政府人力资源绩效管理绩效的整体提升，这一根本目的的实现，是建立在各主要目的的实现的基础之上的，因此，对政府业务流程再造进行全面评价既是实现政府人力资源绩效管理绩效提升根本目标的题中之义，也是政府业务流程再造持续发展的内在要求，更是建设服务型政府人力资源绩效管理模式的价值需求。一是要加强政府人力资源绩效管理管理过程中，各绩效管理主体对业务流程再造的自评。只有通过对其自身的客观评价和有效反馈，才能完善其内在的运作机制，从而为绩效改进提供有效的信息资源以实现绩效改进。二是政府各人力资源绩效管理主体要加强业务流程再造，确保整个绩效管理过程中的人力资源得到有效的配置与使用，实现各个部门岗位价值与政府成员个体绩效相结合，最终实现绩效管理的价值导向要求。三是政府各人力资源绩效管理主体要坚持在业务流程再造的过程中，以完善整体工作系统为终极目的，通过政府工作人员个体绩效的实现和职能部门组织结构的内部完善，为各绩效管理主体提供新的绩效改进方案和策略，不断创新工作体系，以提升管理绩效。

第五章
服务型政府人力资源绩效管理模式改革措施

服务型政府人力资源绩效管理模式改革措施是保证改革的系统实施、机制运行，以及途径通畅的重要保障。本书认为，要通过文化层面的变革，来为服务型政府人力资源绩效管理改革提供制度保障；要通过政府服务层面的措施，来固化改革的效果；要通过政府职能层面的措施，来保障改革的持续性；要通过利益相关群体层面的措施，来强化改革的力度。

第一节　创 新 文 化

服务型政府人力资源绩效管理模式的改革成效，最终将通过提升公民对政府的满意度、政府积极促进经济发展等来得到印证，更重要的是，在改革进程中，我们要立足于由内向外的“内生式”的实践发展道路。在进行服务型政府人力资源绩效管理模式改革的过程中，应强调以精准定位政府职能为切入点，以人力资源的职位岗位分类再造为主要途径，在分析服务型政府人力资源绩效管理模式改革动力的基础上，积极对构建服务型政府人力资源绩效管理的新模式进行思索和探讨，通过内在行政效益等“内功”的提升，努力实现外在行政行为高效和行政效益提升的“双效”目标的整合。

一、建立绩效管理组织文化

政府部门必须建立与其管理模式相匹配的绩效组织文化，才能把人力资源绩效管理落实到位。组织文化是为政府部门中所有成员所共有的、正式与非正式有机结合的工作信念和工作价值观，它们构成了政府部门内工作人员与组织之间相互预期的基本原则。因此，这里的组织文化主要是指服务型政府中除去制度、法规等规范之外的工作氛围和成员内在的工作价值观等方面。如果服务型政府中的人力资源个体或群体其内在的工作价值观与外在的工作氛围在内在心理认同上存在分歧，其效用就会大为降低，因此必须在人力资源个体或群体的心理上建立与政府部门外在制度等文化规范相契合的内在文化价值规范系统，这样才能使人力资源绩效管理中的外在激励、凝聚、约束机制通过内在心理因素发挥作用。构建服务型政府人力资源绩效管理体系，对各类人力资源进行绩效考核，必须建立适合绩效管理体系运行的组织文化。

（一）树立正确的工作价值观

工作价值观是个人内在价值系统的核心部分，是重要的个人属性变项，是个人经验及文化背景混合影响下的产物，代表着个人在工作职责上产生的认知与态度中所持有的信念及行为。工作价值观会因个人的价值观因素而产生不同于工作上的价值观，包括工作行为与追求工作目标、理想与理想自我实现、忠诚与行为规范等。

首先，要认识到工作价值观是个体的一种内在驱动力，人力资源管理者要引导个体树立正确的职业目标，并通过工作价值观引导个体产生符合组织价值观和工作目标的工作行为动机。其次，人力资源管理者要引导个体树立正确的工作价值观，促使员工的工作价值观向积极、健康的方向转变，改善员工的心态，使个体能在工作中正确调节工作向度与情感表达之间的关系，从而提高员工的工作积极性。再次，人力资源管理者要认识到，工作价值观会影响个体的职业选择偏好，因此，个体的工作价值观具有层次性，包含着许多种价值取向，价值取向彼此之间还存在着重要程度的差异，管理者应引导个体有效协调价值取向，正确履行职责。最后，这也是最重要的，人力资源管理者要掌握跨文化语境下的对异质工作价值观进行管理的能力。异质工作价值观实际上是跨文化的一种体现，也是文化冲突和融合的一种形式。对于异质工作价值观的管理，必须克服相互之间的冲突，进行卓有成效的管理。首先要管理者要有正确的认识和态度，要认识到异质工作价值观的存在是必然的；其次要认清异质工作价值观的表现；

再次，要有针对性地对异质工作价值观进行培训，加强相互之间的沟通交流；最后，构建与本组织文化相适应的工作价值观系统，并在继承、沟通、整合的基础上再造组织文化。

工作价值观在服务型政府人力资源绩效管理中产生的作用，直接也好，间接也罢，均存在着一定的影响力。若服务型政府部门能以设计符合个体工作价值观的系统的方式来引导个体树立正确的工作价值观，营造良好的组织文化环境，则其产生的激励强度，定会促使个体在工作中努力取得更好的绩效。

（二）建立正确的绩效管理观

人力资源绩效管理要深入政府部门管理，发展为组织内部的长效管理机制，就必须让组织内的成员树立正确的观念，即人力资源绩效管理观。人力资源绩效管理观是组织内的人力资源管理者和工作人员对人力资源管理对象关于管理目的、管理内容、管理方式及管理效果的基本看法与观念，它指导着管理者的管理行为和每一位管理对象的工作行为，并且决定了两者对于人力资源绩效结果的看法，同时也影响着政府组织内的管理工作风气，制约着管理效果的真实性和有效性。

政府部门必须建立正确的人力资源绩效管理观，其重大意义主要体现在以下四个方面：一是通过人力资源绩效管理，管理者能认识到工作成员的工作能力和道德修养，以便组织甄别人才；二是通过人力资源绩效管理，监督和指导个体的工作行为，激励其上进；三是通过人力资源绩效管理，能为职位升降、奖金评定、培训教育等提供依据；四是通过人力资源绩效管理，能够改进员工行政工作行为，提高其工作效率。

因此，要建立正确的人力资源绩效管理观，就要注意以下两点。第一，要加强人力资源绩效管理沟通。在管理之初，要通过培训，让组织成员正确认识人力资源绩效管理的目的、内容、方式方法等；在管理过程中，要加强绩效沟通，领导要定期与下属进行绩效沟通，了解其思想动态；在绩效结果的反馈中，加强领导与下属之间的绩效沟通，注意，这里的绩效沟通不只是对下属指出其需要改进的地方，还要具体询问其原因，辅助他找到改进的方法。第二，要注重绩效管理的真实性和客观性。只有完善了绩效管理制度，严格执行了绩效管理程序，才能保证绩效管理的真实性和客观性。只有保证了绩效管理的真实性和客观性，才能说服各类工作人员，使他们相信它，并自觉地去执行它。

二、加强领导重视与监督管理

以利益趋向为动力的人力资源绩效管理是从企业管理中引进的新机制，其运作理念完全异于传统的政府工作理念。在我国服务型政府建设的环境中，人力资源绩效管理要想得到更广阔的发展空间，必须着力于加强领导重视和监督管理。

（一）加强领导重视

要保证人力资源绩效管理植入政府部门人力资源管理的模式能得以真正实施，政府部门必须予以高度的重视，尤其是上级领导的重视。虽然，员工对人力资源绩效管理的执行负有成果显现的重要责任，但为了确保人力资源绩效管理模式的执行与落实，部门的上级领导也需要履行自己的职责。在实践中，监控自己下级部门人力资源绩效管理的能力已经被确定为一种关键的管理胜任能力。作为上级领导，对下级部门的人力资源绩效管理的主要责任体现在以下五个方面。一是观察并记录。上级管理者必须重视观察部门人力资源管理的具体环节，随时保持对各部门人力资源管理实践的优良绩效和不良绩效事例的记录。二是目标更新。组织的目标会随着内外因素发生改变，所以领导要不断更新和修订之前制定的人力资源管理目标、标准等。三是资源提供。上级领导者应向各部门人力资源管理者提供各种辅助其完成工作的资源及提供各种能使其提高自身素质的培训机会，确保人力资源管理工作的目标能顺利完成。四是绩效反馈。上级领导必须就部门人力资源绩效管理效果与各部门管理者进行面对面的交流，在保证给予对方平等表达意愿的前提下，指出其在实现目标方面中的不足之处，同时向他们提出改善绩效的方法。五是绩效强化。上级领导者必须向各部门人力资源管理者明确表达关注，并通过绩效反馈，辅助其改进不足的地方，来强化他们对绩效管理的认同。领导干部若能真正做到以上五个方面，政府部门人力资源绩效管理的循环运行就具有了强大的组织基础。

（二）加强监督管理

构建完善的监督制约机制是保证服务型政府人力资源绩效管理工作顺利开展的重要工具。要构建完善的监督制约机制，就要做到以下两点。第一，要明确人力资源绩效管理监督的主体。主体就是专门的监督组织机构。从人的层面来说，它包括导向主体——上级部门领导，关键主体——部门人力资源管理者公务员自身，硬性主体——部门内各类工作人员。第二，加强人力资源绩效管理监督。除了加强绩效管理监督组织机构的体制化与规范化外，还应该做到以下四个方面。一是加强上级领导部门的监督工作。领导监督工作力度的强化，会直接影响到整个单位、集体的人力资源绩效管理氛围，对工作人员自我绩效管理、监督与相互绩效管理监督具有感染、带动作用。二是提高部门人力资源管理者自身绩效管理监督的意识。这是一种发自内心的对绩效管理的认同，有利于绩效管理的顺利实施。三是加大部门工作人员的评议权重。在政府部门中，有大量的内部行政工作，部门内的各类工作人员是人力资源绩效管理的直接感受者，应该成为最有发言权的管理主体。他们的参与不仅可以使管理更为真实客观，而且可以增强其服务意识，提高服务能力。四是要将监督与问责紧密结合，实现人力资源绩效管理的监督问责一体化。政府人力资源管理的监督机制是通过科学完善的规章制度和管理体系，保证监督有效推行的重要手段在于问责机制，问责机制是承担“否定性后果”的一种责任追究制度。如果只有监督，没有问责，监督就会形同虚设，因此，问责机制是对监督机制“是否有效”的评价，监督机制是问责机制启动运行的有力依据。要加强对于人力资源绩效管理的监督，就要实现监督与问责的有效结合，问责机制需要根据监督机制，发现和找出在绩效管理中存在的“违责”对象，并对其实施问责，监督机制需要依靠问责机制去解决从监督机制所发现的责任问题。

三、推进法制化与系统化建设

为使服务型政府人力资源绩效管理体系发挥作用，我们必须将体系法制化、系统化，这样才能形成长效机制，并有效开展运行。

（一）完善政策法规支撑

依法治国是社会主义国家的基本治国方略，也是我国民主法治建设的必然选择。从中国共产党第十一届中央委员会第三次全体会议以来，国家出台了关于公务员绩效管理各方面的法律制度，将绩效管理的内容、方法、原则、程序等以法律法规的形式固定下来，保障了政府部门人力资源绩效管理的科学性、公平性和权威性。随着《中华人民共和国公务员法》和《公务员绩效考核（试行）》法规，以及《公务员平时考核办法（试行）》的出台，各个省市、区县都积极结合自身实际，实事求是地制定了适合本区域发展的公务员绩效考核办法，并认真执行公务员绩效管理。但我国公务员人力资源管理中引入绩效管理模式的时间还不长，实践还不丰富，经验欠缺，制定的法律法规仍有许多值得商榷的地方。同时，服务型政府中的工作人员也逐步明确分为专业技术人员、行政执法人员和外聘人员三支队伍，因此，面对这些现存问题与改革任务，为了使我国服务型政府人力资源绩效管理尽快走上法制化道路，我们需要在对比的基础上，结合自身发展情况，并有选择性地借鉴西方国家的成功经验，运用多种现代管理科学的原理和方法创新技术手段，完善政府人力资源绩效管理的相关法律法规。

（二）加强管理系统建设

除了完善相关的行政法律法规，还需要从整体角度进一步加强对政府人力资源绩效管理系统的建设，即加强政府人力资源绩效管理的整体结构建设。人力资源绩效管理系统是人力资源管理系统的子系统，人力资源管理系统是服务型政府内部管理系统的一个子系统，同时，服务型政府内外系统与社会公共服务领域产生着管理联系，所以服务型政府又是社会经济生活的子系统。在这样的多层体系中，服务型政府人力资源绩效管理系统必然是由相互依赖、相互联系的各个环节组成的复合整体，通过各环节之间的有机联系，以此来实现绩效管理的功能。人力资源绩效管理的系统性必须要通过各组成环节的协调和连接，才能实现系统的有序性和整体的完备性。

人力资源绩效管理是一个综合性的整体系统。目前，在政府部门人力资源绩效管理的实际执行中，存在着将绩效评价与绩效管理、绩效管理与人力资源绩效管理理解为同一内涵的误解。因此，在服务型政府人力资源绩效管理的改革中，首先，要引导管理者和管理对象树立人力资源绩效管理的系统观，使其明白具体的工作已经不再是简单地将人力资源绩效管理等同于一个绩效评价或绩效计划等类似的单一性工作。其次，建立起人力资源绩效管理系统中各环节之间的有序性及相关性。在人力资源绩效管理系统的运行中，要实现各环节之间稳定、联系、有序的状态，就需要人力资源管理者了解和掌握系统各环节之间的相互关系，完善以人力资源绩效计划为基础的系统观念，把实践中的绩效沟通确认为核心，及时与部门和管理对象进行人力资源绩效诊断与评估。再次，要认识到人力资源绩效管理是一个动态的循环系统，也是一个多环节的过程，更是一个逐步提高层次的过程。在政府人力资源绩效管理中，管理者与管理对象之间要进行持续的绩效沟通。同时，人力资源绩效计划、评估也必须依据政府公共服务和内部管理的情况变化而调整。特别是对于日常工作中的关键事件，要及时记录数据，保证人力资源绩效管理信息的准确性。最后，人力资源绩效管理系统必须与环境保持一致性。在服务型政府人力资源绩效管理系统中，环境包括政府外部环境、政府组织结构、组织文化及人力资源管理环境等方面。在建设服务型政府的进程中，政府部门必须时刻保持对社会公共需求的关注，在履职过程中不断学习新的思想，只有这样，才能提高自身的能力，创造一个良好的组织内部氛围。这就需要人力资源绩效管理系统与之相匹配，使服务型政府的建设与管理实现管理—高效率管理—实现目标—高水平管理的螺旋式循环上升。在这个良性循环中，人力资源绩效管理系统各组成环节应随政府部门外部环境、理念发展及组织内部的具体情况，进行相应的调整，从而不断加强人力资源绩效管理系统的环境适应能力，确保顺利实现人力资源绩效管理系统的战略目的、管理目的和开发目的。

第二节 固化基点

服务型政府决定了其人力资源绩效管理目标是以最少的资源、最快的速度实现对政府公务员有效的人力资源绩效管理，因此，在进行服务型政府人力资源绩效管理模式改革的实际中，政府要注重整合多方资源，实现政府、政府公务员个人价值的最大化，并最终将这种价值的最大化转变为对行政效益、行政行为等的提升和优化作用。

一、通过绩效管理提升行政效益

效益，即效果和利益，是指一定的项目或工程对社会所产生的结果与影响。服务型政府的人力资源绩效管理模式改革作为一项系统、复杂的工程，必须要在科学理念的指导下，通过科学的规划与构建，充分实现政府公务员的个体价值，促进政府行政行为的经济效益与社会效益的提升。

（一）提升政府行政行为的经济效益

政府人力资源绩效管理是政府管理的重要组成部分。长期以来，政府的自利性和政府内部各部门追求自身利益的最大化，导致严重扭曲了政府的人力资源绩效管理活动，影响了政府的行政行为，使得政府行政行为的经济效益无法真正实现。服务型政府的人力资源绩效管理就是要打破传统政府在人力资源管理上的僵局，激发政府工作人员的积极性与创造性，实现政府公务员自身价值。

要提升政府行政行为的经济效益，首先，要明确服务型政府人力资源绩效管理改革模式的目标。服务型政府人力资源绩效管理模式改革是要构建一个精简、高效、灵活的政府，这样才能不断促进政府内部经济效益的提升。通过科学规划与实施人力资源绩效管理，节约人力资源的管理成本，并在此基础上，不断提升政府公务员的价值创造能力，提高各政府部门的价值创造水平，在整合各部门价值创造的基础上，实现政府整体行政行为经济效益的提升。其次，要明确服务型政府人力资源绩效管理模式改革，要构建一个以人为本、以社会为本的政府，最终目标在于促进政府服务水平的持续提高，促进政府外在行政行为经济效益的提升。通过服务型政府的建设，提升政府服务水平、指引经济发展方向、营造经济发展的良好环境、制定经济发展的政策法规等多渠道方式，促进政府行政行为外化为经济效益。最后，要明确服务型政府人力资源绩效管理改革，要构建一个廉洁、透明、公开的政府，其根本目标在于提升政府人力资源绩效管理的透明性、公开性与科学性，有效预防与抵制在政府内部产生腐败行为，有效节约社会资源与成本，促进政府行政行为经济效益的提升。

（二）提升政府行政行为的社会效益

区别于传统的管制型政府，服务型政府应当是节约社会成本的高效能政府，这种高效能不仅体现在行政行为经济效益的提升上，更多地体现在行政行为社会效益的增长上：一方面，通过服务型政府人力资源绩效管理模式改革，建立的是一个内部成员满意度高的政府，以强调人力资源绩效管理中的重要准则及有效实施管理工作的方案、计划等方式，实现对政府内部工作人员的价值管理，不仅充分满足了政府内部公务员的社会需求，提升内部成员对政府的满意度，激发其价值的创造性与积极性，而且提升了政府内部工作人员的服务理念和服务水平，促进了政府内部行政行为社会效益的有效提高；另一方面，通过服务型政府人力资源绩效管理模式改革，立足于加强政府部门人力资源队伍“内功”，有效地实现政府外在行政行为社会效益的提升。服务型政府的人力资源绩效管理模式应当以满足社会实际需要为立足点，科学认识政府内部各职能部门之间的业务需求，科学评判政府绩效结果与社会公众需求之间的一致性，有目的地实施行政行为，以公众需求为导向，服务社会公众，实现政府外在行政行为社会效益的高效性。在实现社会效益的道路上，需要注意的是，社会效益的实现与人民的需要应紧密联系。由于我国的主要矛盾发生了变化，所以社会的最主要需要不再是“物质文化”，而是转变为“人民日益增长的美好生活的需要”，这是更高层次的需要，同时也是当前人力资源绩效管理所追求的最高社会效益。政府绩效不仅要满足内部需要，更要围绕满足“美好生活的需要”这一最大社会效益进行精准管理。

二、通过绩效管理实现行政高效

服务型政府建设成果的表现之一就是社会公众对政府的满意度不断提升，而这一成果是建立在对政府科学评价的基础之上的。因此，要建立一个公众满意度高的政府，就必须着力于优化政府的技术使用效率、资源配置效率、制度实施效率及行政行为效率等。

（一）加强技术使用效率

加强技术使用效率，是指服务型政府的人力资源绩效管理模式应当依托现代管理理论与技术，采用先进的科技手段等现代化方式，有效地对内部成员进行价值管理，促进价值创造，进而提升政府服务水平。为实现这一目标，在进行服务型政府人力资源绩效管理模式改革的实践中应当从以下四个方面进行构建。首先，要在政府内部建立人力资源信息管理系统，实现对政府工作人员的系统化、科学化、动态化的管理。其次，政府各人力资源绩效管理主体要善于吸收先进的企业人力资源绩效管理知识和西方政府人力资源绩效管理改革的先进经验，各主体要在履行本职工作职责的同时，不断提升作为人力资源管理改革实施者的政治素养与理论水平，提高建设服务型政府人力资源绩效管理模式的科学性与可行性。再次，人力资源绩效管理必须运用大数据和云计算等新的分析技术。当前，政府的绩效管理面对着诸多数据，这些数据并非全是管理数据库中的常态数据组，传统的依靠样本数据的分析方法不能精确地分析出非常态的数据组或者庞大的数据，因此就需要运用大数据、云计算这些高效、精确的新技术。最后，搭建电子政务平台，通过阳光行政、透明行政，不断提升政府人力资源绩效管理的透明度，同时为社会公众参与政府管理提供有效的途径，不断提升政府的公信力和公众对政府的满意度。

（二）优化资源配置效率

优化资源配置效率，是指通过服务型政府人力资源绩效管理模式的改革，政府能够实现人力资源在不同部门之间的合理配置与有序流动，有效激发人员价值创造的活力与积极性，提高人力资源的使用效率。在这样的改革实践中，要想实现高效的资源配置效率这一目标，一方面，在政府内部，通过人力资源绩效管理模式改革的实施，在一定范围内对政府内部人力资源进行有效的合理配置，真正做到“人尽其才、才尽其用”，最大限度地发挥政府内部工作人员的个人价值，提高人力资源的配置效率，促进价值创造的实现；另一方面，通过实施政府部门人力资源绩效管理模式改革，整合政府内部的价值实践活动，使传统的以外在绩效评判人力资源绩效的“外生式”发展道路转变为“内生式”的价值的提升，不断促进政府内在行政效益的“内功”的提升，提高政府服务水平，进而增强政府统筹社会资源的能力，提高政府对社会资源配置的效率。

（三）提高制度实施效率

提高制度实施效率，是指在服务型政府人力资源绩效管理模式的改革中，要将人力资源绩效管理作为一项制度确定下来，切实保障政府部门人力资源绩效管理实践的有序推进。同时，注重对制度的实施进行实时的监控与调节，确保制度落到实处，提高绩效管理活动的针对性与实效性。实现服务型政府人力资源绩效管理制度实施的效率，应从以下三个方面展开。首先，要确保政府人力资源绩效管理制度本体的高效实施效率，这就进一步要求政府人力资源绩效管理制度不仅要在确立绩效管理目标、制订绩效管理计划、实施绩效管理活动、反馈绩效管理结果等绩效管理的各环节上体现出较高的优越性，而且能够通过这一制度的有效实施，激励并提高政府工作人员的服务热情，积极投身于价值创造活动。其次，要保障政府的各项人力资源绩效管理制度能有效促进政府内部各职能部门管理制度的有序运行。服务型政府人力资源绩效管理制度是以有效统筹政府部门内部人力资源，激励人员价值创造活动为根本价值指向的，其制度的实施与运行建立在各职能部门工作正常开展和各部门管理制度正常实施的基础之上。最后，政府人力资源绩效管理制度的实施要外化为政府行政行为的高效率与高效益，就需要通过实施内部的人力资源绩效管理制度，整合政府内部人员价值创造活动，使政府在应急反应能力、社会管理能力等方面得到有效的提升，以此保障政府制定的各项社会管理制度能够高效率地实现。

（四）提升行政行为效率

提升行政行为效率，是指以公众需求为导向，通过对服务型政府人力资源绩效管理模式改革，充分利用绩效管理结果，激励政府公务员价值创造活动，既要实现公务员个人行政行为效率的提升，又要实现政府外在行政行为整体效率的提升。在进行服务型政府人力资源绩效管理模式的改革中，要实现高效的行政行为效率，应要从以下两个方面展开：一方面，政府内部各人力资源绩效管理主体要认识到，服务型政府人力资源绩效管理区别于传统的管制型政府，是以人为本的绩效管理，因此，必须要重视在绩效管理活动中最为活跃、最为关键的人的因素的作用，要充分调动政府公务员服务的积极性，促使其树立服务意识，掌握服务技能，积极进行服务活动，不断提升公务员行政行为的效率；另一方面，要以价值管理理论为指导基础，对服务型政府人力资源绩效管理模式改革进行系统设计，在明确服务型政府人力资源绩效管理模式是一种对人的价值创造活动进行有效管理的模式基础之上，政府内部各人力资源绩效管理主体要积极推行与实施该模式，确保实现政府内部工作人员个体创造价值的有机整合，在达到政府价值整体提升的情况下，外化为政府行政行为效率的提升，最为明显的表现是政府办事效率的提高。

三、通过绩效管理实现“双效”整合

效率与效益作为两个相互依存、相互补充的概念，前者侧重于速度，后者侧重于利益。因此，在服务型政府人力资源绩效管理模式改革的过程中，要把两者有效地结合起来，保障改革后政府外在行政行为的效率与效益的“双效”提高，提升政府内部成员和社会公众的满意度，实现目标的高程度契合。

（一）强化保障经济效益提升的作用

行政行为高效是指包括技术使用、资源配置、制度实施等内容在内的一系列行政行为效率的提升，不仅行政行为的自身效率得到提高，而且在其基础之上，政府的经济效益也得到进一步提升。要想实现这一目标，必须把各项内容贯彻到服务型政府人力资源绩效管理模式改革的实践中。

一是在技术使用上，通过借鉴先进的管理理论，在政府内部构建人力资源绩效管理信息系统，建设电子政务平台，在有效提高政府行政行为效率的基础上，密切关注技术层面问题。技术的投入使用会使人力资源管理成本降低，但技术的改造也会造成较高的生产成本。因此，应结合服务型政府人力资源绩效管理模式改革的实践需要，在对经济效益进行充分论证的基础上，合理地使用先进的理论与技术。二是在资源配置上，政府内部各人力资源绩效管理主体要摒弃传统的只重效率、不重效益的做法，在综合分析不同群体利益需求的基础上，既要注重提高对政府内部的人力资源及政府外部的社会资源配置行为的效率，又要保障实现政府内部人力资源与政府外部社会资源的经济效益。三是在制度实施上，政府内部各人力资源绩效管理主体要综合统筹，在梳理清楚人力资源管理制度、政府内部管理制度及整体的社会管理制度等多层次制度之间的关系的基础上，既要确保各项制度高效率的实施，又要注重降低制度实施的成本，提升制度实施的经济效益。四是在行政行为上，政府内部各人力资源绩效管理主体要善于利用服务型政府人力资源绩效管理模式，激发绩效管理对象的价值创造活动，从而提高政府整体行政行为的效率。同时，通过提升政府服务水平，提高政府办事效率，节约社会成本与资源，保障经济效益的提升。

（二）强化实现社会效益提升的作用

在进行服务型政府人力资源绩效管理模式改革的实践中，要想最终实现社会效益的提升，需要从以下三个方面着手进行。

首先，通过服务型政府人力资源绩效管理模式改革，政府要不断提升政府内部公务员的满意度。政府人力资源绩效管理活动要想确保其在技术使用、资源配置等几个方面的行政行为实现高效率，就必须始终坚持以人为本的执政理念，以公务员的实际需求和现实情况为出发，公平、公正、公开地实施绩效管理活动，促进公务员的价值创造活动，通过采用物质激励与精神激励等手段，有效提升政府公务员对政府的满意程度，进而使其产生强烈的组织认同感与归属感，积极投身于建设服务型政府的实践过程。其次，政府要通过服务型人力资源绩效管理模式改革，有效实现技术使用、资源配置等行政行为的高效率，提高政府的办事效率与社会管理水平，加快服务型政府的构建进程，进而促进社会公众不断提升对政府的满意程度。最后，政府行政行为要达到高效率，必须不断提升目标之间的契合度。建设服务型政府人力资源管理模式的目标体系，既包括建设服务型政府的基本目标、人力资源绩效管理的具体目标等微观建设目标，又包括总体部署等战略发展目标。因此，政府在进行人力资源绩效管理模式改革的实践过程中，要善于统筹不同层次的目标，提高政府人力资源绩效管理模式改革目标间的契合度，实现人力资源绩效管理的“双效”目标的整合。

第三节　持续变革

在进行服务型政府人力资源绩效管理改革的过程中，要注意职能的科学设置与高效实施是服务型政府人力资源绩效管理的关键所在：一方面，要转变政府职能，有效实现政府由传统管制型向服务型政府、保姆型向有限型政府的转变；另一方面，要以政府职能的兼并与剥离，构建服务型政府人力资源管理的网络构架为切入点，确保人力资源绩效管理模式改革的有效实现。

一、加快职能兼并的进度

区别于传统的保姆式、管制型政府，服务型政府更多是在以人民为中心、公民本位、社会本位的执政理念下表现出来的一个有限的政府、民主的政府、责任的政府、透明的政府、法治的政府及高效的政府。服务型政府人力资源绩效管理作为对政府公务员工作实践活动的投入、产出、成果等具体表现的重要过程，“人”作为其中最活跃、最积极、能动性最强的因素，所关注的核心问题落脚在如何使所有政府公务员更加有效地工作。

作为一个全方位、深层次、高度复杂的系统性工作，人力资源绩效管理模式的改革是服务型政府构建的关键要素，只有这样，才能发挥政府公务员的最大价值，有效整合个人价值，提升政府组织的整体价值。因此，政府内部各管理主体必须要在服务型政府人力资源绩效管理目标的引导下，分析各部门职能，将设置冗杂的职能合理兼并、重组、整合等，并以此建立扁平化的政府组织结构。

（一）加强职位分析

科学地对政府内职位进行分析是服务型政府人力资源绩效管理模式改革的重要前提。在服务型政府人力资源绩效管理模式改革的过程中，要注重分析传统工作内容，并在此基础上对内容进行优化整合，根据工作内容将工作性质相似、工作内容重叠的部门进行合并、重组，使职位中的工作内容变得更为完整，丰富工作乐趣，避免“人浮于事”。加强职位分析，第一，要在横向上增加职位包含的水平方向的内容；第二，要在纵向上增加职位所应承担的责任和权力，减少行政层级的设置，促进政府组织结构的扁平化发展；第三，要对职位设置有动态的约束，其中最主要的就是“编制约束”，编制是一种重要的行政资源，对职位设置起到至关重要的作用，“统筹使用各类编制资源，形成科学合理的管理体制”，有助于科学合理的设置职位，改变“人多事少”或者“事多人少”的现象。

（二）改变传统关系

要以业务关系为纽带，将政府内部上下级之间和部门之间的关系转变为以围绕公众需求进行协作的平等关系。政府内部所有的职能部门均应对社会公众负责，要在此基础上将原有的强制性的行政管理关系转变为相互服务、相互依存的关系。具体到服务型政府人力资源绩效管理改革实践当中，就是要处理好政府内部各人力资源管理的专职人员与各部门负责人之间的辩证统一关系：一方面，各人力资源管理的专职人员要为各部门负责人进行绩效管理实践提供有效的智力支撑与实践指导；另一方面，从事各人力资源管理活动的专职人员隶属于人力资源管理部门，受人力资源管理部门负责人的领导，各部门负责人开展工作直接影响其绩效结果。

（三）建立岗位职位轮换制度

岗位职位轮换制度是任职者在已有计划的基础上，在不同的职位上进行交换任职的一种方法。在政府人力资源管理部门中建立岗位职位轮换制度，一方面，能有效地避免人力资源专职人员在同一职位工作时间过长而产生厌烦情绪，可以提高其工作效率与工作积极性；另一方面，有助于人力资源管理专职人员掌握多方面的技能，提升其综合素质，使其适应组织发展和变迁的需要，并在此过程中实现自身价值。

二、推进职能剥离的进程

职位分析是人力资源管理所包含的重要工作内容之一，其作用就是发现在实际工作中由于岗位设计不当而产生的人不尽责、职不符人的现象。在服务型政府人力资源绩效管理改革工作的实践中，要将职位分类与品位分类相结合，建立职位说明书，在职位分析的基础上，对政府行政职能进行剥离，专职专人，提高人力资源管理的工作效率。

（一）简化政府内部职位

对政府内部职位进行简化，要在职位分析的基础上，对工作内容进行系统的梳理与把握。任何事物的存在与发展都有一个合理的“度”，因此，政府各人力资源绩效管理主体应当首先明确，职位内容设置并非越多越好，也并非越简单越好，各主体要在具体的管理实践过程中，将那些过于繁杂繁琐的职位进行分解与剥离，将这些职位分解为若干个相对简单的职位，专事专办，使任职者能够更专业、更有效地完成任务。

（二）运用现代管理理论

政府各人力资源绩效管理主体要积极使用现代管理理论与方法，在职位分析的基础上，合理进行权力的下放。传统的管制型政府是一种保姆式的政府，其人力资源管理是一种从外部对政府公务员进行的他律式管理，难以调动政府公务员的积极性。建立服务型政府人力资源绩效管理模式就是要打破这种僵局，变被动为主动，通过采用多种评价方法，加强政府公务员的自我管理，下放人力资源绩效管理权力，实现绩效管理职能的剥离，既能增加绩效管理活动的实效性与针对性，提升政府的整体服务水平，又能有效促进政府公务员的价值创造活动，促进自我价值的有效提升。

（三）根据需求设立职位

随着时代的发展与服务型政府建设的要求，政府内部人力资源管理面临的环境发生了新变化，产生了新需求。一般来说，职位是相对固定的，不随人员的变动而改变，具体表现为一定时期内组织要求个体履行多项责任，突出了责任明确、权责一致的原则。对政府职位进行管理能够使服务型政府人力资源绩效管理的配置和使用过程具有规范性与客观公正性，因此，政府各人力资源绩效管理主体要善于分析和把握这种变化所产生的新的需求，统筹多方利益，采用科学的方法，设置新职位，在职位内容上剥离出合理的职位设置，并根据现实需求的变化加以夯实与调整。

三、加强网络构架的建设

服务型政府人力资源绩效管理模式设计是否得当，直接关系到政府人力资源管理水平的高低。网络构架的建设能有效提高政府的价值创造能力，不断提升政府服务水平，促进行政行为高效与行政效益高效的实现，提升社会公众对政府的满意度（图 5-1）。

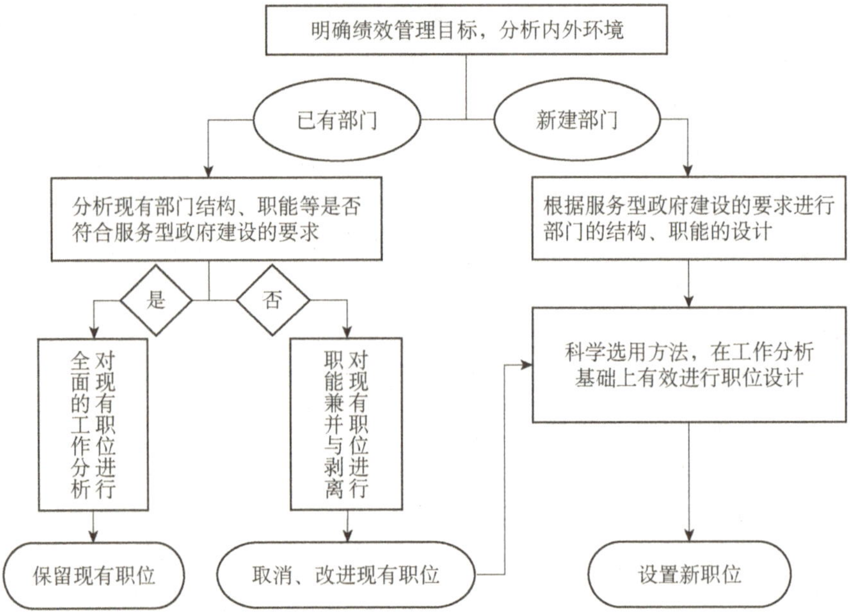

图 5-1　服务型政府人力资源绩效管理网络构架

对于服务型政府人力资源绩效管理网络构架的建设应当是一个动态的过程，应根据社会公众的需要及社会发展的变化及时予以调整、优化与整合。在实践过程中，政府要通过以下几个程序来构建服务型政府人力资源绩效管理模式。

（一）明确绩效管理目标

充分分析服务型政府人力资源绩效管理模式改革的内外环境，不同的组织目标制约着组织的网络架构，而且，组织的内部环境与外部环境也直接影响着组织网络构架的选择与实施。服务型政府应是一个以公众需要为导向的有限型政府，因此，其人力资源绩效管理模式的网络架构应当是建立在整合行政行为高效与行政效益高效两大目标的基础之上的，全面分析建设服务型政府所面临的社会转型、行政体制变革、经济体制改革、知识经济时代的快速到来、全球化浪潮的冲击等国内、国际环境的影响，以及这些影响所映射出来的政府组织内部成员价值观念的更新、组织分工的专业化与精细化、组织任务的不确定性、对组织智力结构要求不断提高等内部环境的变化，因此，要在此基础上对服务型政府人力资源内部组织进行弹性设计。

（二）分析部门结构特征

在服务型政府绩效管理网络的构建过程中，要结合人力资源绩效管理目标及服务型政府人力资源绩效管理模式改革的内外环境进行分析：一方面，人力资源管理部门要分析现有的部门结构、职能等是否符合建设服务型政府的根本要求，以此来确定是否需要进行相应的调整；另一方面，要根据建设服务型政府的要求对政府部门的结构、职能等进行设计，以公众利益需求为导向，在职位分析的基础上进行科学设计。

（三）分析职位当前状态

职位分析是服务型政府人力资源绩效管理中最为基础、重要的一种活动，主要是指运用科学的方法与技术收集与职位相关的所有信息，对其进行归纳和整理，以明确职位的重要性、目的、职位内容、工作职责、工作准则、任职资格条件及工作关系等基本要素的过程。在进行服务型政府人力资源绩效管理的网络结构设计时，一方面，要科学考察和分析政府已有职能部门的现行运作状态，分析各职位的设置是否符合服务型政府建设的需要，能否促进政府公务员的价值创造，能否实现政府公务员的个人价值等内容，如果发现问题，要及时予以调整，重新进行职位设计；另一方面，要根据服务型政府建设的目标、环境等一系列影响因素，以人为本，以公众需求为导向，对新设置的职能部门进行职位设计。

（四）确定职位设计方法

职位设计使行政赋权有所依据，使其主观任意性大大降低：一方面，职位设计要深入分析职位要素，对职位所处环境进行全面考虑，以此为基础来确定职权的主体、客体等职权构成要素；另一方面，对于不同的职位，所使用的设计方法是不一样的，因此，在分析工作内容并形成职位分析报告的基础上，要依次对职能进行剥离与重组，科学选择与设计职位内容，明确责、权、利，既要有助于政府公务员个人价值的实现，又要有效保障政府行政行为高效与行政效益高效的“双效”目标的实现。

第四节　强 化 动 力

一、确定利益相关者群体

服务型政府人力资源绩效管理模式的改革是一个全方位、深层次、高度复杂的系统性工作，必然要涉及多方利益，对这些利益群体能否进行准确的定位与把握，直接关系到服务型政府人力资源绩效管理改革的具体成效，而这些利益群体作用的发挥将为服务型人力资源绩效管理模式改革提供持续的发展动力。

（一）绩效管理主体

服务型政府人力资源绩效管理主体应当是由人力资源部门绩效管理专职人员与政府内部各职能部门负责人共同构成的，两者相互作用、相互辅助而共同实现人力资源绩效管理的实践活动。在这一活动中，人力资源绩效管理专职人员的主要职责包括：绩效管理目标的制定、绩效管理程序的设计、绩效管理的技术支持与服务、绩效管理评价活动的组织与实践、协助部门负责人开展绩效管理的组织实践活动等；部门负责人则是绩效管理活动的主要执行者与实践者，承担着绩效管理活动的具体组织与实施。

（二）绩效管理对象

在明确人力资源绩效管理主体的基础上，也应对绩效管理对象有明确的认识，管理对象也是由两部分构成的：一是政府人力资源绩效管理部门的专职人员，政府人力资源绩效管理的专职人员作为绩效管理主体，同时也是绩效管理对象的重要组成部分，其绩效结果的优劣将直接影响着整个政府公务员的价值创造活动，进而影响到建设服务型政府的进程；二是包括各职能部门负责人在内的政府公务员，这是政府人力资源绩效管理的最主要、最直接的对象。一方面，各部门负责人作为绩效管理活动的主要执行者与实践者，通过绩效管理，实现对其工作的有效监督与激励，促进其履行职能，开展绩效管理实践活动；另一方面，各职能部门的政府公务员作为政府具体工作及活动的主要承担者与实施者，通过对自身工作进行绩效管理，能有效促进价值创造，实现个人价值，并在整合个人价值的基础上，提升政府的整体价值。

（三）社会组织及公共部门

本书提到的社会组织及公共部门是指除政府以外的营利及非营利的组织与机构，其中，营利性的社会组织是指那些具有相应的资质，拥有一定数量工作人员的专业团队，通过签订合同等方式与政府建立契约关系，采取付费等方式，实现对政府人力资源绩效管理等相关业务的外包；非营利性社会组织与机构，又被称为“第三部门”，与营利性的社会组织与机构一样，拥有雄厚学术基础的专业工作人员，但与营利性组织与机构相比而言，它们通过向政府提供有效的政策与建议，从而对政府内部的人力资源管理产生一定程度的干预，但在政府整体内部的人力资源绩效管理上缺乏把握能力和连贯性。营利性和非营利性的社会组织与部门共同构成了政府进行人力资源绩效管理的重要支撑与补充。

（四）社会公众

服务型政府人力资源绩效管理模式应当是多样化的，作为政府力量的源泉，社会公众的参与对政府人力资源绩效管理的成果也有一定的影响。社会公众既包括那些具有良好的专业素质、较高的政策理解能力与政策建议能力的专业代表人士与社会精英分子，也包括那些关心政府服务水平的提高程度、自身利益实现是否能充分实现的社会大众。其中，前者数量较少，具有较高的社会影响力，能够对政府进行较为客观公正的评价，能有效借助其自身的专业知识与能力为服务型政府人力资源绩效管理模式的改革出谋划策；后者则在社会公众中占据较高的比例，是政府绩效结果的直接利益相关者与最终评判者，他们通过使用大众传媒、网络等途径，表达其直接的利益诉求，对于维护社会稳定、确保政策贯彻执行等具有极强的影响力，必须予以重视。

二、确定对利益相关者的定位

服务型政府人力资源绩效管理模式的构建是一个系统的工程，涉及不同群体的利益，因此，在其构建过程中要强调“责不同当、利不同享”的基本原则，正确发挥不同利益相关者的基本作用。

（一）明确主要实施者

明确作为价值管理者的政府人力资源各绩效管理主体是模式改革的主要实施者，要引导各绩效管理主体树立价值创造的理念：一方面，政府内部人力资源绩效管理的专职人员要善于协助部门负责人的日常工作，既要推进绩效管理工作的顺利实施与推进，又要注重将绩效管理活动与各部门的工作实际相结合；另一方面，政府内部各职能部门负责人不仅需要将价值创造作为服务型政府各部门的人力资源管理理念，包括各部门的业务组合、重大的职能战略举措和价值创造目标的确定等，而且必须确保各部门的日常事务流程都与价值创造保持一致。

（二）发挥客体能动性

各绩效管理客体作为政府工作的具体承担者与实施者，也是价值的创造者与承担者，对其进行绩效管理活动关系到整个政府服务水平的提高与政府价值创造能力的提升和社会价值的实现。因此，在进行绩效管理活动的实践过程中，首先，要促使人力资源管理部门提高政府公务员价值创造的积极性，对其价值创造活动进行科学有序的管理，激发其建设服务型政府的工作热情，促进其在实际工作中实现自身的价值。其次，要善于站在政府公务员自身发展的角度思考，加强对政府公务员的培训，提高其综合素质，树立其服务意识，提升其服务水平，促进其积极地投身到服务型政府建设的实践中去。最后，在进行人力资源绩效管理的活动中，还要善于结合不同部门的工作特点，有针对性地制订绩效管理计划，组织绩效管理实践，实现部门工作人员的价值，确保实现绩效管理结果的最优化。

（三）发挥社会组织的作用

社会组织作为价值传递者，为绩效管理活动提供了必要的建议和补充，要充分发挥其在模式改革中的助力作用。第三方绩效管理的专业机构因与政府内部各绩效管理主体、绩效管理对象等要素之间没有直接的利益关系，因而其对政府的人力资源绩效管理更加具有公信力。作为价值的传递者，第三方绩效管理组织是政府人力资源绩效管理必要的支撑与补充：一方面，它们通过参与政府绩效管理活动，对政府绩效管理活动进行有效的监督，实现组织自身的价值与使命；另一方面，它们在一定程度上均衡了政府与社会公众的利益，使社会公众的需求得以充分表达，有效地改善了政府与社会、政府与公民、政府与企业等不同利益集团之间的关系，以此来弥补政府内部评价的固有缺陷和不足。

（四）发挥社会公众的作用

社会公众作为价值创造的评判者，是绩效管理活动利益的间接相关者，要充分发挥其在模式改革中的间接推动作用。服务型政府是在公民本位理念的指导下进行构建的，社会公众是政府价值的最终评判者，其对政府的评判具体表现为对政府的满意度，直接影响着服务型政府的建设。因此，在进行服务政府人力资源绩效管理模式改革的过程中，一方面，由于社会公众是政府部门的主要“顾客”，政府部门应以公众需要为导向，将公众的利益需求纳入到服务型政府构建体系中，建立目标导向的服务型政府人力资源绩效管理模式，最大限度地满足社会公众的利益需求，提高公众满意度；另一方面，通过向社会公众公布政府人力资源绩效管理信息，将政府人力资源绩效管理置于广大社会公众的监督之下，透过“阳光行政”，既能有效地提升政府行政行为的透明度与公开性，又能有力地提高社会公众对政府的满意程度。

参考文献

包国宪. 2005. 绩效评价：推动地方政府职能转变的科学工具——甘肃省政府绩效评价活动的实践与理论思考. 中国行政管理，12（7）：86-91.
包国宪. 2009. 政府绩效评估专题. 兰州大学学报（社会科学版），37（1）：84.
蔡立辉. 2003. 西方国家政府绩效评估的理念及其启示. 清华大学学报（哲学社会科学版），18（1）：76-84.
蔡立辉. 2007. 政府绩效评估：现状与发展前景. 中山大学学报（社会科学版），47（5）：82-90.
蔡永亮，任金秋. 2006. "服务型政府"指导下的政府绩效改革新趋向. 中国改革，21（12）：78-79.
陈红太，李严昌. 2007. 中国服务型政府的四种模式. 中国行政管理，14（7）：103-106.
褚添有. 2007. 构建服务型政府：多维理论之考察. 南京社会科学，18（9）：81-87.
登哈特 J V，登哈特 R B. 2004. 新公务服务：服务，而不是掌舵. 丁煌等译. 北京：中国人民大学出版社：62-63.
范柏乃，程宏伟，张莉. 2006. 韩国政府绩效评估及其对中国的借鉴意义. 公共管理学报，3（2）：21-26，108.
范逢春. 2004. 我国地方政府建设服务型政府述论. 安徽大学学报，（4）：76-80，87.
方振邦. 2008. 构建基于平衡计分卡的政府绩效管理体系. 理论学刊，25（9）：80-85.
方振邦. 2003. 战略性绩效管理. 北京：中国人民大学出版社：213.
傅耕石. 2007. 服务型政府：我国政府发展的理性选择——关于服务型政府的内涵的与合理性的思考. 社会科学战线，30（3）：215-218.
侯玉兰. 2003. 论建设服务型政府：内涵及意义. 理论前沿，（23）：16-17.
胡宁生. 2006. 构建公共部门绩效管理体系. 中国行政管理，13（3）：18-21.
胡税根，金玲玲. 2007. 我国政府绩效管理和评估法制化问题研究. 公共管理学报，4（1）：104-109，127.
黄应忠，刘志坚. 2007. 基于人力资源价值链的中小企业发展研究. 商场现代化，26（12）：317-318.
贾洪斐. 2005. 改革完善公共部门的人力资源绩效考核. 中国人力资源开发，17（12）：60-62，66.
姜海如. 2002. 中国公务员管理机制研究. 武汉：华中师范大学博士学位论文.
姜晓萍. 2007. 构建服务型政府进程中的公民参与. 社会科学研究，29（4）：1-7.

刘俊生. 2004. 论服务型政府的价值基础与理论基础. 南京社会科学，15（5）：52-57.
刘倩. 2014. 困境与出路：服务型政府人力资源绩效管理模式改革探析. 贵州社会科学，35（6）：85-88.
刘熙瑞. 2002. 服务型政府——经济全球化背景下中国政府改革的目标选择. 中国行政管理，9（7）：5-7.
罗晓光，申靖. 2006. SERVQUAL 模型在服务型政府绩效评价中的应用研究. 经济纵横，22（11）：23-26.
倪星，付亚东. 2008. 中国政府绩效评估研究进展. 行政论坛，15（3）：30-34.
彭国甫. 2005. 地方政府公共事业管理绩效评价指标体系研究. 湘潭大学学报（哲学社会科学版），29（3）：16-22.
彭国甫. 2007. 绩效评估：地方政府管理创新的新途径. 西安交通大学学报（社会科学版），11（4）：66-70.
孙柏瑛，祁光华. 2004. 公共部门人力资源管理. 北京：中国人民大学出版社：43.
孙柏瑛，祁光华. 2004. 公共部门人力资源管理. 北京：中国人民大学出版社：168.
孙迎春，周志忍. 2008. 欧盟通用绩效评估框架及其对我国的启示. 兰州大学学报（社会科学版），36（1）：34-43.
唐琦玉. 2007. 西方公共部门绩效管理探索及启示. 湖南行政学院学报，9（1）：5-7.
唐任伍，唐天伟. 2004. 2002 年中国省级地方政府效率测度. 中国行政管理，11（6）：64-68.
托马斯 J C. 2005. 公共决策中的公民参与：公共管理者的新技能与新策略. 孙伯瑛译. 北京：中国人民大学出版社：18.
王慧，宋晓梅，赵利民. 2009. 开放性人力资源价值链管理——企业竞争力提升的新视角. 前沿，16（1）：74-77.
王琦玮，马亮，吴建南. 2009. 中国地方政府绩效评估工具的现状与未来——基于德尔菲法的研究. 情报杂志，28（10）：15-18，23.
王阳. 2006. 公共部门人力资源绩效考核问题研究. 辽宁行政学院学报，8（4）：57-58.
王义. 2007. 困境与变革：政府绩效评价发展论纲. 长沙：湖南人民出版社：22.
王永钦，张晏，章元，等. 2007. 中国的大国发展道路——论分权式改革的得失. 经济研究，42（1）：4-16.
王有志，邱艾超. 2006. 人力资源价值链管理模型构建的经济学分析. 商场现代化，25（28）：247-248.
吴建南，高小平. 2006. 行风评议：公众参与的政府绩效评价研究进展与未来框架. 中国行政管理，13（4）：22-25.
吴建南，郭雯菁. 2004. 绩效目标实现的因果分析：平衡计分卡在地方政府绩效管理中的应用. 管理评论，16（6）：22-27，63.
吴建南，孔晓勇. 2005. 以公众服务为导向的政府绩效改进分析. 中国行政管理，12（8）：48-51.
吴建南，阎波. 2004. 政府绩效：理论诠释、实践分析与行动策略. 西安交通大学学报（社会科学版），8（3）：31-40.
吴建南，阎波. 2008. 地方政府绩效评估体系的路径选择——福建的分析. 中国行政管理，15（2）：25-29.
吴建南，庄秋爽. 2004. "自下而上"评价政府绩效探索："公民评议政府"的得失分析. 理论与改革，19（5）：69-71.
吴江，王崧，黄长龙. 2006. 服务型政府绩效评估标准定位的探讨. 西南农业大学学报（社会科学版），13（4）：117-120.
吴江. 2004. 服务型政府与公务员能力建设. 中国行政管理，11（11）：18.
吴敬琏. 2003. 建设一个公开、透明和可问责的服务型政府. 领导决策信息，6（25）：20-21.
吴新文. 2004. 中外政府人力资源管理的比较研究. 技术经济，22（10）：20-21.
吴玉宗. 2004. 服务型政府：概念、内涵与特点. 西南民族大学学报（人文社科版），26（2）：406-410.

肖其明，梁莹. 2005. 社会资本与高绩效的政府管理. Journal of US-China Public Administration，2（9）：1-9.
谢吉晨，赵军锋. 2008. 论“最佳的”政府绩效评估主体. 云南行政学院学报，10（1）：103-106.
辛孝群. 2006. 地方政府绩效评估：现状、问题与路径选择. 华南理工大学学报（社会科学版），9（4）：1-5.
徐厌平，章海宏. 2013. 公务员绩效考核指标体系优化研究——基于湖南省调查数据的分析. 湖南社会科学，26（6）：181-184.
徐永虎，洪咸友，郭亮. 2007. 西方绩效评价研究综述. 科技管理研究，27（4）：89-91.
叶强. 2013. 完善公务员绩效考核制度之我见. 人才资源开发，20（7）：18-19.
叶裕民. 2000. 论改进和完善地方政府目标管理责任制. 统计研究，17（6）：35-39.
尹戈，陈先芳，姬书莹. 2003. 建设廉洁、高效的服务型政府. 中国行政管理，10（3）：35-36.
尹长叶，朱彩婕. 2005. 从人力资源价值链管理的角度看企业绩效提升. 商场现代化，24（25）：272-273.
郁建兴，徐越倩. 2004. 从发展型政府到公共服务型政府——以浙江省为个案. 马克思主义与现实，15（5）：65-74.
臧乃康. 2004. 政府绩效评估及其系统分析. 江苏社会科学，25（2）：141-147.
张康之. 2006. 把握服务型政府研究的理论方向. 人民论坛，13（5）：11-13.
张小玲. 2004. 国外政府绩效评估方法比较研究. 软科学，18（5）：1-4.
张岩鸿. 2006. 发达国家公共行政改革及对深圳的启示. 特区实践与理论，16（1）：71-74.
张再生. 2006. 政府行政效率改善的人力资源管理机制研究. Journal of US-China Public Administration，3（1）：1-5.
中国行政管理学会课题组. 2005. 服务型政府是我国行政改革的目标选择. 中国行政管理，12（4）：5-8.
周志忍. 1995. 公共组织绩效评估——英国的实践及其对我们的启示. 新视野，11（5）：38-41.
周志忍. 2000. 行政效率研究的三个发展趋势. 中国行政管理，7（1）：37-40.
周志忍. 2006. 政府绩效管理研究：问题、责任与方向. 中国行政管理，13（12）：13-15.
周志忍. 2007. 公共组织绩效评估：中国实践的回顾与反思. 兰州大学学报（社会科学版），35（1）：26-33.
周志忍. 2009. 我国政府绩效管理研究的回顾与反思. 公共行政评论，2（1）：34-57，202-203.
朱光磊，孙涛. 2005. “规制—服务型”地方政府：定位、内涵与建设. 中国人民大学学报，19（1）：103-111.
卓越. 2006. 政府绩效管理导论. 北京：清华大学出版社：318.
卓越. 2006. 政府绩效管理导论. 北京：清华大学出版社：320.
Denhardt R B. 2007. The new public service-serving， not steering. Public Administration Review，60（60）：549-559.
Donahue A K， Selden S C， Ingraham P W2000Measuring government management capacity：a comparative analysis of city human resources management systems. Journal of Public Administration Research and Theory：J-PART，10（2）：381-411.
Swindell D，Kell J M. 2000. Linking citizen satisfaction data to performance measures. Pubic Performance & Management Review，24（1）：30.
Kelly J M， Swindell D. 2003. The case for the inexperienced user. American Review of Public Administration，33（1）：91-108.
Medori D，Steeple D. 2000. A framework for auditing and enhancing performance me Systems. International Journal of Operations & Production Management，20（5）：520-533.
Swindell D，Kelly J M. 2000. Linking citizen satisfaction data to performance measures. Public Performance & Management Review，24（1）：30.